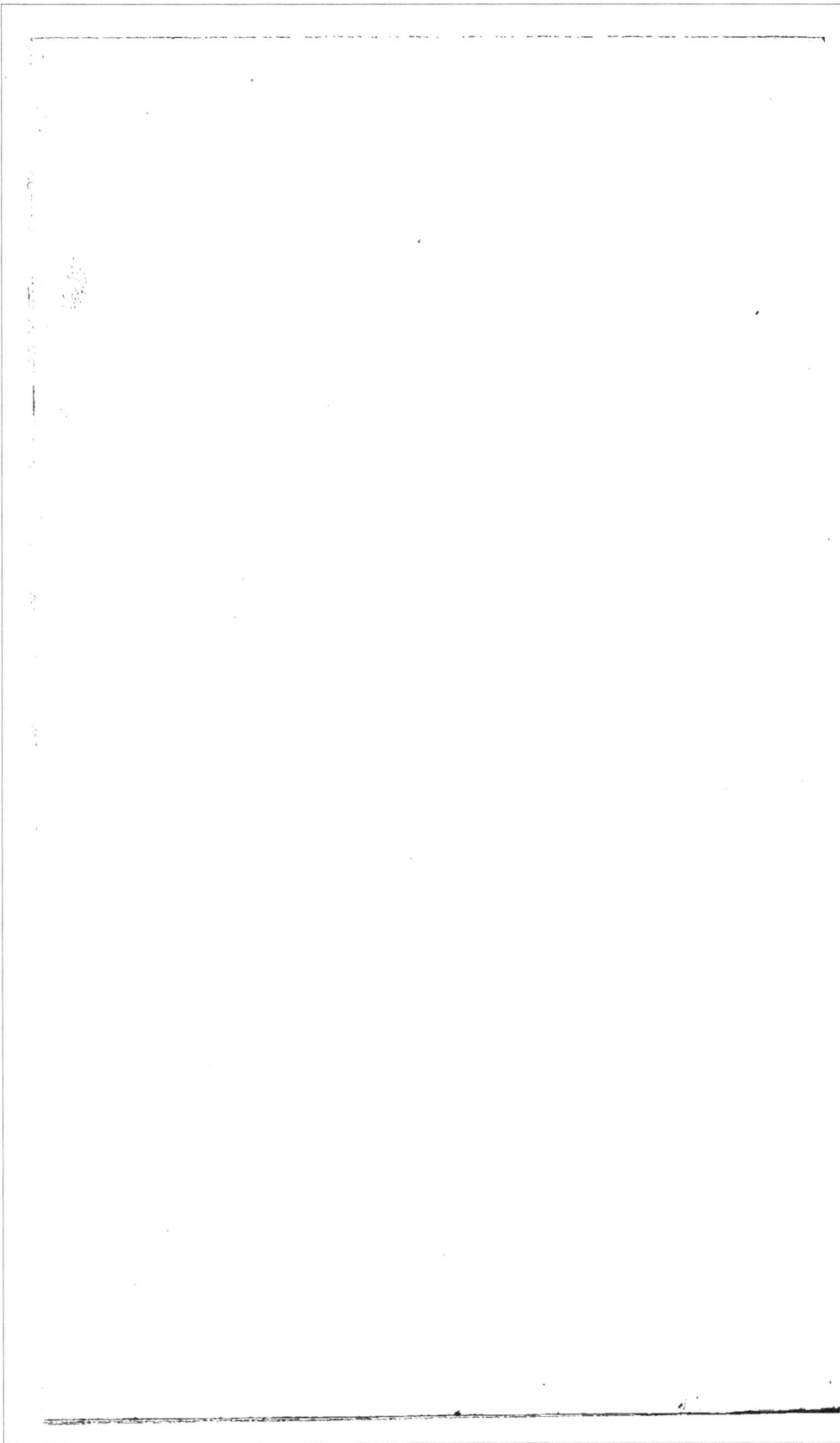

36578

RÉPONSE

AUX PARTISANS

DE L'ABOLITION

DE LA PEINE DE MORT.

A CHARLEVILLE,

CHEZ COLAS, IMPRIMEUR, RUE DU COLLÉGE.

RÉPONSE

AUX PARTISANS

DE

L'ABOLITION

DE LA PEINE DE MORT,

SUIVIE DE

Réflexions

SUR L'ABUS ANTI-SOCIAL QUE L'ON FAIT DES CIRCONSTANCES ATTÉNUANTES

EN MATIÈRE CRIMINELLE,

ET DE PLUSIEURS PENSÉES MORALES DÉTACHÉES.

Par J.-B. Hubert.

> J'ai entendu des voix s'élever
> encore contre la peine de mort,
> et j'ai écrit ces lignes !...

PRIX : 2 fr.

A PARIS,

CHEZ VIDECOQ, PLACE DU PANTHÉON.

1842.

PRÉFACE.

Si, avec les années, l'esprit public finit par former la législation d'un peuple, il faut avouer que depuis vingt à trente ans, l'esprit d'innovation, ou une pensée, soi-disant réformatrice d'abus, a circulé dans quelques rangs de la société au sujet de l'abolition de la peine de mort ; cette idée de sublime indulgence sourit facilement, je le sais, aux imaginations tendres et neuves ; mais l'imagination réfléchit-elle ? Quoiqu'il en soit, plusieurs brochures ou mémoires ont été rédigés dans ce sens par des esprits sinon profonds, du moins élevés ; on a semblé vouloir sur ce point forcer la main du pouvoir qui fait la loi ; dans tous les cas, qu'on revienne ou qu'on ne revienne pas sur cette question majeure, et quelle que soit la décision législative qui en résulte, nous lançons, à tout hasard, dans le domaine

de l'intelligence publique ces lignes, vierges de prétentions, qui tirent toute leur inspiration de l'amour
du bien public et de l'attachement à la vérité. Voici
comment je comprends, par voie d'induction, la
triste probabilité que dans un temps plus ou moins
prochain, l'on redemande l'abolition de la peine de
mort ; c'est que les lois administratives, et le système
d'instruction en particulier, je veux dire la manière
dont est composée, depuis trente ans, la savante Université, ne se rattachant pas assez aux lois religieuses,
tellement qu'un avocat, pour ne citer qu'un fait, a pu
dire, en plein tribunal, sans être rappelé à l'ordre,
que la loi était athée ; il s'ensuit que les masses iront
toujours se corrompant davantage, et les crimes se
multipliant dans la même proportion, on sera effrayé
du nombre croissant des condamnations capitales ; et
comme plusieurs écrivains, d'ailleurs remarquables,
se sont faussement imaginés qu'il y avait plus de
chances d'amélioration sociale dans l'emploi d'une indulgence plus large : il arrivera que l'on portera cette
indulgence jusqu'à l'impunité, et les digues une fois
rompues, qui arrêtera le torrent ?

Et qui ne sait que la révolution de 93 a jeté dans
les esprits le principe délétère d'une incessante fer-

mentation qui, trop souvent, fait bon marché des moyens, pourvu qu'elle arrive à ses fins? Si on a pu, chose inouie! pousser l'aberration d'esprit jusqu'à demander que l'on rayât de la pénalité française la peine de mort; j'en conclus logiquement qu'on y reviendra, parce que c'est une loi invariable en métaphysique, que les mêmes causes produisent toujours les mêmes effets. La recrudessence des idées fausses est non seulement possible chez le peuple français, mais, vu son imagination fougueuse, c'est encore chose facile, il a suffi que dans le temps de la discussion parlementaire de cette question, des hommes tels que M. de Lamartine et autres, aient appuyé cette réforme de la puissance de leurs talents, pour que cette influence en ait gagné plusieurs qui gardent le silence, il est vrai, mais que l'on peut regarder comme autant de conversions à faire sur ce point; c'est donc dans la vue d'opérer ce retour complet que nous avons donné nos soins à ce petit travail.

D'ailleurs, la librairie étant devenue plus que jamais un vaste et intelligent arsenal où se puisent toutes sortes d'armes pour combattre l'erreur partout où elle se montre, et pour consolider les vérités sur leurs vraies bases; nous nous sommes demandé s'il existait

un petit ouvrage qui présentât un résumé de la question qui nous occupe : or, cet ouvrage n'existe pas,
c'est pourquoi, nous pygmée entre les pygmées, nous
avons osé élever notre faible voix dans la seule vue
du bien public; heureux si nous avons pu jeter quelques lumières sur la question ; nous pensons du moins
qu'on nous le pardonnera en faveur de l'intention.

Ces réflexions, sur la matière en générale, seront
divisées en deux parties :

La première se composera de nos idées élaborées
sans polémique ;

La seconde présentera une discussion ou controverse des passages les plus marquants d'un ouvrage
qui a paru il y a une douzaine d'années, et qui est
intitulé : *Système Pénal en général, et de la Peine de
Mort en particulier*, par Ch. Lucas. Nous tâcherons
d'y répondre selon nos forces.

« Ce qu'est la lumière à l'œil, l'harmonie
à l'oreille, et les parfums à l'odorat, la
vérité l'est pour l'âme! »

« Les vrais législateurs puisent les lois qu'ils
coordonnent dans la conscience humaine où
sommeille la vérité, et les peuples sages ra-
tifient toujours ce code d'immortelles vérités
morales et politiques! »

Je le répète, si l'on vient à jeter un coup d'œil
impartial sur les évènements qui se succèdent si rapi-
dement au temps où nous sommes, ne semble-t-il pas
qu'une maladie morale pèse sur tous les esprits? On
est dans toutes les classes de la société comme saisi de
la frénésie de tout renouveler, tout changer, tout
réformer, même ce qui est bien, même les plus
anciennes Institutions qui ont leur racine dans la terre
vierge de la vérité; témoin le Christianisme lui-même,
le chef-d'œuvre de la pensée divine, basé depuis des
siècles sur les principes de la Sagesse éternelle; il n'est
pas non plus, selon les novateurs, arrivé au point où
il doit être, il n'est pas, dit-on, approprié au point
de vue actuel des esprits. Enfin le dirai-je? il y a partout engouement, prédilection pour les chimères et

les choses fantastiques ; on ose dire fièrement et d'une bouche arrogante : « aux anciens l'obscurantisme, à nous la lumière dans les productions de l'esprit, et dans les ouvrages des mains ; » quel insuportable orgueil ! on feint sans doute d'ignorer que, soit dans les beaux arts, soit en littérature, nous n'avons pas de productions aussi brillantes, aussi saisissantes de beauté, aussi sublimes que dans les siècles passés ; de plus, toutes choses ont changé de nom, les richesses et la fortune sont honneur et probité, le succès couvre et justifie en quelque sorte les spoliations secrètes ou cachées ; en un mot, ayez à la bouche un langage honorable, et on vous passera les actions.... Si dans une page pourtant innocente, vous élaborez timidement quelques idées en faveur des droits de la justice, à l'instant on fera chorus pour vous dire que vous êtes un homme dur, que vous marchez au rebours du siècle et ne partagez pas la sympathie générale pour le malheur... Vos paroles seront comme l'image ensanglantée des anciennes tortures qu'un temps de barbarie avait fatalement accueillies, mais qu'un temps plus heureux de civilisation, appelé par les vœux de tous, a détruites à jamais ! !

Disons en attendant que la fréquence, toujours croissante de l'admission des circonstances atténuantes en matière criminelle, semble annoncer que l'on tend insensiblement à l'abolition de la peine de mort.

La révolution survenue sur ce point dans les idées, n'est encore, il est vrai, qu'en théorie ; les innovations mûrisent vite de notre temps, mais elle est soutenue par des publicistes beaux esprits et par quelques Députés justement renommés par leurs talents ; aussi ce que je me propose de dire sur cette matière ne devra-t-il être considéré que comme une pierre apportée à la digue qu'il serait urgent d'élever contre le torrent ; d'autres feront mieux que moi ; j'aurais aimé à garder un silence prudent sur cette matière , mais quand je sais que plusieurs mémoires ont été rédigés dans le sens de l'abolition ; que dans un Journal de notre département un anonyme a dernièrement encore exprimé une opinion semblable , essayant de la donner comme étant celle de la majorité , j'ai cru , dans l'intérêt de la vérité , devoir la controverser selon mes forces ; on n'a pas oublié la phrase ancienne et devenue banale sans toutefois avoir perdu de sa force , que c'est du choc des opinions que naît la lumière.

Or , dans la haute question qui fait l'objet de ce petit écrit , il est bien important d'abord d'avoir une idée nette de ce qu'est la justice parmi les hommes ; on peut dire qu'elle est l'image de celle de Dieu qui , certainement , veut punition , châtiment , réparation là où il y a eu désordre , délit , crime ; il veut surtout qu'il y ait proportion et égalité autant que le permettra la faiblesse humaine entre le mal moral et la peine ; telle est l'idée que se fait ici bas notre intelligence de la Justice ; du reste il est évident que si les hommes n'avaient pas de passions mauvaises , il n'y aurait jamais de crimes parmi eux ; tous les sentiments du cœur humain seraient placés sous le joug de la Raison et dirigés par son flambeau , et tandis qu'ils la prendraient pour le guide constant de leurs actions, elle ferait en retour leur bonheur pour le temps si court de cette vie, et ensuite leur éternelle récompense; mais l'expérience des siècles qui, chaque jour, se renouvelle pour chacun de nous, vient, hélas! trop tôt désenchanter sur ce point l'âme des Législateurs et nous condamne malgré nous à rester dans l'amertume et les tristesses de la réalité....

Il faut donc une justice, les gens de bien la réclament dans les longues méditations de leur repos et dans le but de la conservation de ce même repos; de même l'opprimé, la victime, de quelque manière que ce soit, l'appelle plus vivement encore par ses clameurs et ses sanglots; mais si d'un côté la justice est nécessaire, il ne l'est pas moins, de l'autre, qu'elle soit sage dans toutes ses parties et essentiellement distributive; cette dernière condition est même tellement partie intégrante de la justice que sans elle nous ne pourrions la concevoir; il est très vrai qu'il n'y a que Dieu qui connaisse parfaitement les diverses actions des hommes dans leurs plus secrets principes, cependant, et par là même que les hommes ont été créés à son image, ils ont aussi comme un œil moral caché au fond de leur conscience qui leur dit assez que toute peine doit être proportionnée au délit; or, je le demande, si celui qui a froidement et avec préméditation arraché lentement la vie à son semblable, est suffisamment puni par la perte de sa liberté et la privation de quelques douceurs de la vie, qu'une foule de malheureux après tout, artisans honnêtes et laborieux, partagent trop

souvent, hélas! avec lui! mais c'est peu ; transportons-
nous un instant en esprit au moment de funèbre mémoire où l'on répand dans le public la sinistre nouvelle
qu'un meurtre, un assassinat vient d'être commis non
loin des lieux que nous habitons ; voyez-vous au même
instant sur tous les visages l'impression profonde,
l'horreur secrète, la terreur enfin dont chacun est
saisi? on se demande les uns aux autres si l'auteur de
ce meutre est connu, s'il est entre les mains de la Justice, enfin on plaint sincèrement la victime dans l'impuissance où l'on est de faire autre chose ; ah! s'il était
donné de voir alors les cœurs à découvert, il est sans
doute qu'on y lirait profondément gravés ces trois mots
sacramentels qui, bien qu'ayant chacun leur signification propre, n'ont néanmoins qu'un sens unique, ces
significations sont : Vengeance, Justice, Réparation;
Vengeance vis-à-vis de la société; Justice par rapport
à la victime tristement immolée; Réparation de la part
du coupable; mais je vais plus loin, s'il est vrai que ce
soit là la disposition générale des esprits en telle circonstance, quelles ne doivent pas être les réclamations
énergiques, les accents inarticulés, les cris déchirants
de la victime expirante peut-être dans d'horribles tourments? d'une veuve, par exemple, laissée en proie
aux besoins urgents de l'existence par la perte d'un
époux et condamnée désormais à des larmes éternelles,
d'enfants peut-être qui chercheront vainement à leur
faiblesse un appui autre que celui auquel la Nature et
la Providence avaient si bien pourvu? d'un seul coup
leur bonheur à chacun s'est évanoui.... et cependant

vous n'appèleriez sur la tête de l'auteur de tant de maux que vingt à trente ans de réclusion environ (supposant que le condamné ait déjà atteint l'âge de 40 à 50 ans) cela serait-il juste, cela même serait-il raisonnable ?

Mais achevons de considérer la pénalité sous le rapport social; un mot très remarquable a été dit avant moi, qu'il me soit permis d'en faire l'application à mon sujet. Le voici : « il y a quelqu'un, quelque chose du moins, qui a plus d'esprit que Voltaire, plus de génie que Neuwton, plus de profondeur de jugement que Leibnitz, plus de raisonnement et de tact que Montesquieu.... qui donc ? c'est le bon sens public. » Vous le concevez assez, car il est l'expression de plusieurs milliers de consciences à la fois, il est le reflet d'un nombre presqu'infini d'intelligences et d'organisations diverses qui, toutes, sans se consulter ni se communiquer leurs sentiments intérieurs, prononcent hautement le même jugement au dehors; or j'ai l'intime conviction, quant à moi, que si l'on déférait l'avis de la question qui nous occupe en ce moment, à une assemblée de plus de deux mille âmes, par exemple, les partisans de l'abolition de la peine de mort auraient à peine quelques centaines de voix,... cela me suffit, le cri de la vérité est là, elle n'est point ailleurs.

En un mot, la Justice, c'est la société. La société ne peut subsister sans une garantie solide des droits de propriété et de vie individuelle, en un mot, sans l'ordre et la paix, qui est la condition rigoureuse de son existence, par conséquent tout ce qui s'écarte du bon ordre doit être puni dans la proportion de la gravité du délit, sans quoi la loi ne renfermerait plus en elle le principe préventif et répressif qui est sa vertu propre en même temps que la sécurité de tous. Toute loi pour être bonne doit, selon nous, être justement sévère et équitablement douce ; si elle est trop dure, elle dépasse les droits moralement limités de la justice, elle devient décourageante et inhumaine: si elle est trop douce, elle n'est pas non plus ce qu'elle doit être, parce qu'elle tend à l'impunité qui est un attrait certain à la récidive, tel est le point en définitive non idéal mais réel de ces deux extrêmes par rapport à l'ordre social.

Il serait aisé de prouver que la peine du talion, dégagée dans l'application de ses détails puérils, est essentiellement juste au fond et entièrement conforme à la signification du mot équité; je m'en tiendrai à rapporter sur ce point une seule chose : un malheureux poussé par la vengeance, avait résolu la mort d'un individu ; au moment de l'exécution de son projet, il manque son coup, eh bien! que fait-il ? il se brûle le poignet pour le punir de n'avoir pas réussi ; je demande si, dans ce fait, il n'y a pas un peu de l'esprit de la loi du talion? cependant je le répète, il ne conviendrait pas de prendre la lettre de cette loi, mais aussi il est absolument nécessaire de ne pas en rejeter l'esprit.

Je préviens que je n'écris ces lignes sous l'impression d'aucun préjugé, tant s'en faut, c'est pourquoi je me hâte de dire que si j'élève une voix solitaire en faveur de la Législation qui punit de mort tout homme coupable de meurtre avec préméditation, ne croyez pas que je me dépouille un seul instant envers lui du sentiment qui fait le plus d'honneur à l'humanité, je veux dire le sentiment d'une douce et inaltérable pitié.... non, soyez-en sûr, du moment que le repentir, cette autre justice laborieuse recouvrée, descend dans le cœur de ce misérable, il le réhabilite pleinement à mes yeux dans tous ses droits à l'infinie miséricorde, dont justes et pécheurs nous avons tous besoin et par conséquent à la miséricorde des hommes; dès lors je le reconnais pour mon frère qu'une passion malheureuse a pendant quelques moments déçu, égaré, trompé; j'oublie son crime, quel qu'il soit, et Dieu sait si les entrailles de la plus tendre charité ne s'émeuvent pas en moi pour adoucir son sort, s'il en était besoin, jusque-là que si des moyens naturels ou par impossible, surnaturels, m'étaient offerts de le sauver d'un moment si terrible, peut-être les emploirais-je.. mais d'un autre côté le devrais-je? me ressouvenant que, dans ce cas, Dieu, ni la société ne seraient vengés, et qu'aussi son salut en serait moins assuré, son salut!!! qu'on ne l'oublie pas, la vivacité du repentir, dans certains cas, n'a pas besoin de la longueur du temps pour être efficace, moins de trois jours, disons trois heures, moins encore, suffisent vis-à-vis une miséricorde qui n'a de terme que l'immensité.....

Je prierai que l'on me permette de relater ici les opinions qu'un certain nombre de Députés ont éloquemment développées à la Tribune en 1831 sur la question que nous traitons. Cette peine de notre part ne sera à la vérité qu'une œuvre manuelle, qu'un travail d'extrait, mais qu'importe, l'intérêt du sujet est ce que nous recherchons avant tout, et non une vaine satisfaction d'amour propre ; je terminerai par une réponse à ce qu'a dit de plus péremptoire M. de Lamartine dans ses deux discours à la société dela morale chrétienne, insérés dans les deux derniers volumes de ses œuvres, et enfin par quelques considérations.

Voici donc ce que disait, en 1831, M. Jay, inscrit pour la parole sur cette matière :

« Depuis plusieurs années , des voix philantropiques réclament, dit ce député, contre la peine de mort ; l'opinion est encore incertaine à cet égard , de bons esprits ne sont pas convaincus que la peine capitale soit inutile pour la répression du crime , et intimide moins le criminel que la détention laborieuse à perpétuité ; ils doutent que la société n'ait pas le droit de prononcer la peine du talion contre l'individu qui , avec préméditation , a versé le sang et donné la mort. ·

On prétend, poursuit-il , que les criminels redoutent peu le dernier supplice , et cependant la moindre habitude des cours d'assises nous apprend que les prévenus dont le crime est avéré épuisent toutes les combinaisons , invoquent toutes les circonstances qui peuvent écarter de leurs têtes la plus haute sévérité de la loi , et attendent avec une visible anxiété le verdict fatal ; sans doute le sort d'un misérable conduit à l'échafaud excite la pitié ; mais il faut réserver aussi quelque sympathie pour les victimes quelquefois horriblement mutilées ; la peine capitale est en ce cas une peine populaire, parce qu'un instinct naturel, plus fort que les raisonnements de la philosophie, en a démontré la justice à toutes les consciences, chez tous les peuples, dans tous les temps.

Mais pour que l'exemple soit efficace, il faut que la peine de mort, placée au plus haut degré de l'échelle pénale, soit rarement appliquée et pour des actes où la perversité humaine épouvante la société.

Pendant une résidence de sept années aux États-Unis d'Amérique, je n'ai eu connaissance que d'une seule exécution à mort : le criminel était un jeune homme repoussé par les parents d'une jeune fille qu'il aimait ; dans un accès de délire, il lui plongea un poignard dans le cœur ; on plaignit un tel égarement de passion, mais la loi souveraine prononça la terrible sentence ; il serait difficile de peindre l'impression profonde d'un pareil évènement sur toutes les classes de la population, et le salutaire effroi qu'il produisit.»

— M. Virey, après avoir incliné pour l'abolition, croit devoir faire les observations suivantes :

« Qu'il me soit permis cependant, Messieurs, de vous retracer notre situation morale en ce moment choisi pour accorder des indulgences plénières si complaisantes à la justice humaine.

Je dirai donc a nos sages, avez-vous su prendre du moins pour contre-poids le secours des croyances antiques et vénérées ? Où est le frein d'une éducation respectée sous la longue et tutélaire autorité paternelle ? Avez-vous un esprit de famille conservateur des mœurs, et la haute influence d'une religion sacrée où

s'est réfugié l'amour des vertus patriarcales ? Le
premier désir de nos âges actuels n'est-il pas de con-
quérir à tout prix et le pouvoir et l'opulence, de s'élancer
vers les sommités sociales, afin de s'enivrer de tous les
délices en immolant jusqu'à la probité ; les droits de
la propriété sont-ils tellement inébranlables, et l'héritage
des ancêtres si rassuré contre toute attaque parmi tant
de cupidités sans cesse allumées ?

Eh quoi ! vous manquez de presque toute influence
morale, soit privée, soit publique ; les nœuds sociaux
se sont si fréquemment usés et rompus pendant quarante années de révolutions, de gouvernements divers;
c'est lorsque les éternelles notions du juste et du vrai
se trouvent perverties à tel degré que le plus pernicieux
scepticisme met aujourd'hui tout en doute, voilà le
moment que vous prenez pour détendre, pour énerver
les ressorts sacrés de la justice, dans cette extinction
des affections du cœur, sous les honteux calculs de
l'intérêt privé ou de l'égoïsme, dans cette dissolution
si commune parmi les vieilles sociétés s'écroulant au
milieu de notre Europe ; lorsque la multitude des lois
atteste si hautement leur impuissance, est-ce donc une
raison déterminante pour en affaiblir la sanction ? Les
intentions sur ce point sont respectables sans doute,
c'est un hommage que nous nous plaisons à faire
éclater ; mais au milieu de l'envahissement, du débor-
dement des délits ou des crimes dont nos tribunaux ne
cessent de retentir, oui certes, l'existence de la société
est menacée, oui certes sa sécurité est désormais in-
séparable de la répression, si non trop sévère, du moins

efficace de tous les attentats.

Il est surtout nécessaire de fortifier, de resserrer les liens de la société; il faut moins chercher à adoucir nos codes qu'à améliorer progressivement la condition des hommes ; cherchons quelles sont les vraies sources des maux de la société ; néammoins que l'on sache que la science, l'instruction, ne deviennent même pas toujours des talismans qui les conjurent, puisque les nations les plus savantes ne sont pas toujours ni les moins vicieuses ni les plus fortunées.

La nature humaine malgré sa perfectibilité, ne se changeant jamais essentiellement, les lois qui châtient les actions condamnables doivent subsister toujours et demeurer partout à peu près inaltérables; en effet pour être plus éclairés que nos ancêtres, mais avec les mêmes passions, il est au moins douteux que nous soyons devenus meilleurs qu'eux.

On espère en vain par cette indulgence envers les vices s'avancer dans une carrière de perfection ; l'exemple de l'histoire atteste que les peuples dont les mœurs furent d'abord les plus austères, dont les moindres délits étaient soumis à une correction sévère sous les mâles et glorieuses républiques de l'antiquité, loin d'améliorer leur sort et de perfectionner leur état social par une législation plus molle, subirent un relâchement manifeste dans leurs mœurs.

Sans doute, il faut confesser que les lois doivent entrer en harmonie avec l'état des sociétés, mais souvent ce progrès prétendu dans la civilisation n'est qu'une chute plus accélérée vers la désorganisation sociale, élle pourrait être l'inévitable conséquence de tout état élevé au degré de splendeur d'où il ne saurait plus que déchoir ; craignons de succomber à de semblables dégradations, et de faciliter le développement des délits en diminuant la salutaire terreur des châtiments.

Que trop d'indulgence n'appelle pas à son tour la licence, puisque la liberté ne se conserve que par une juste répression de tout ce qui la blesse ; l'impunité conduit, il n'est que trop vrai, au plus intolérable despotisme, les gens de bien sont enchaînés là où les méchants se déchaînent... Bientôt on voit accourir les malfaiteurs dans ce pays d'asile et de franchise où l'on exploite le crime au meilleur marché possible ; il faut alors que les particuliers mal protégés par les tribunaux se fassent justice eux-mêmes, dès lors la vengeance individuelle vient au secours de l'inertie des lois...

La mort elle-même devient un bienfait pour le malfaiteur, on l'a vu invoquer ce réfuge de paix contre les remords qui rongent le cœur en expiation de l'attentat du crime ; à défaut de la justice humaine la nature se montre équitable et vengeresse, c'est le triomphe de la raison qui brille d'autant plus qu'elle s'impose les nobles limites du devoir, et se condamne d'elle-même à l'abdication de la vie lorsqu'elle les trangresse. »

— M. Thouvenel, autre député, quoique votant dans le sens de l'abolition, a néanmoins consigné dans son discours les paragraphes qu'on va lire :

« La mort, considérée comme un phénomène naturel, n'est que le terme nécessaire, obligé, auquel chaque être organisé marche sans cesse ; c'est la suspension, l'arrêt définitif de tous les mouvements qui constituent sa vie, c'est la dissolution des éléments de son organisation, dissolution qui doit le faire revivre sous d'autres formes et par de nouvelles combinaisons.

Considérée religieusement et philosophiquement, la **mort** de l'homme n'apparaît à l'esprit que comme une nécessité peu redoutable, ou comme la terminaison de bien des maux, le premier pas dans la carrière d'un nouvel avenir ; c'est l'éternel sommeil qui met fin aux agitations de quelques moments de misère qu'on appelle vie. Envisagée de l'une ou de l'autre manière, la mort peut-elle être placée dans la catégorie des peines ? Vous ne le croyez pas.

Mais voyez, Messieurs, les contradictions de ceux qui gouvernent les hommes ! dans le cours de notre jeunesse, tout autour de nous, maîtres, exemples, parents et amis, tous nous disent et nous répètent qu'il faut la considérer de sang froid, savoir la mépriser quand elle nous apparaît, et que la plus grande des faiblesses serait de la craindre ; à peine sommes-nous devenus hommes que le monde, ses préjugés, les liens du sang et les lois de l'état exigent que nous la bravions, et pour défendre notre patrie, secourir nos semblables dans certaines circonstances, protéger nos parents, etc.

Tantôt l'homme vient nous l'imposer comme un devoir, quelquefois la religion nous la commande comme un sacrifice méritoire, alors honte et malheur à qui reculerait.

Eh bien ! Messieurs, c'est après avoir appris aux

hommes dans tout le cours de leur vie à considérer la
mort comme un simple évènement, ou comme un
devoir, dans tous les cas comme une chose peu redoutable, qu'on veut ensuite dans quelques circonstances
exceptionnelles de leur existence qu'ils la jugent d'une
tout autre manière et l'envisagent comme un châtiment
horrible, comme un opprobre qui doit les faire frémir !
Non, il n'est pas possible que ce qu'on méprise et brave
journellement à l'armée, dans les dangers de certaines
professions, et partout, fassent trembler ces hommes
forts et violents qui sont subjugués par une passion ou
un penchant criminel...

Ici le même orateur discute encore pour savoir si le
corps social a réellement le droit de vie et de mort sur
chacun de ses membres, et il n'est pas loin de le lui
accorder ; il dit un mot du suicide dont en pourrait,
sous un rapport, faire application au meurtrier, c'est
la violation brutale, dit-il, de la première des lois qui
régissent les êtres vivants, celle de leur conservation
sans laquelle tous les autres avantages ne sont rien. »

Quant à moi, il me semble que la société toute entière s'est un jour comme écriée spontanément par la
voix de chacun de ses membres, et par celle de l'ombre
de la victime qui, elle aussi, a exclamé de dessus son
tombeau ces paroles prophétiques : « *Retranchez par
le glaive celui qui s'est servi du glaive ;* » coïncidence
vraiment merveilleuse avec ces autres paroles solennelles contenues dans la Génèze : (*chapitre* 9. *v.* 6.)

« *Quiconque aura répandu le sang de l'homme sera
puni par l'effusion de son propre sang.* »

— Ecoutons maintenant M. Parent :

« Comme je n'ai jamais donné à qui que ce soit, dit-il, le droit de m'accuser d'une excessive rigueur et encore bien moins de cruauté, comme la raison me dit qu'il importe à la société, à sa sécurité, que la peine de mort ne soit pas immédiatement abolie, je n'ai pas dû hésiter à vous exprimer mon opinion à cet égard. Puissé-je ne pas être accusé de préjugés ! ce qui me rassure, c'est que le reproche devrait atteindre également Montesquieu, Rousseau, Filangieri, etc.; la réputation de ces illustres écrivains les protégera suffisamment, je l'espère, et quand on professe avec eux cette opinion qu'il ne faut pas abolir la peine de mort, on peut être absou du reproche de préjugé.

On a dit, poursuit-il, « toute autre peine que celle de la mort peut être préventive du crime. » Demandez, Messieurs, demandez aux magistrats qui ont acquis une longue expérience, et il en est parmi vous, ils pourront répondre que la crainte de la mort était souvent le seul frein qui eut empêché des criminels de pousser plus loin leurs attentats ; les plus consommés, les plus habiles parmi ceux qui connaissent leur code pénal, savent quand la peine de mort les menace, et quelles circonstances peuvent aggraver leur position ; voilà des faits irrécusables en présence desquels l'observateur doit nécessairement conclure que la peine de mort, écrite dans nos lois, est au moins préventive ; si l'on admettait jamais son abolition, quel encouragement pour le crime, toutes les chances pour lui, rien pour la société !!!

Mais, dit-on, avec la peine de mort l'erreur judiciaire est irréparable ; je ne dissimule pas la gravité de cette objection, toutefois, Messieurs, en thèse générale, ce serait une faute que de condamner une institution par cela seul que les abus sont possibles, et il resterait toujours à examiner si les craintes sont fondées.

J'ai eu l'occasion de citer le décret de l'Assemblée Constituante qui, sans être arrêtée par la pensée d'un mal possible et irréparable, a maintenu la peine de mort ; à quelle époque cependant ? Alors que la procédure ne présentait pas toutes les garanties actuelles. Songez, Messieurs, que l'information procède lentement et avec sagesse ; que l'accusé est en présence des témoins qui l'accusent, qu'avant de paraître devant la cour d'assises, il connaît déjà presque toutes les charges qui résulteront contre lui de la déposition des témoins ; que la défense est libre, qu'elle a pour sauve-garde la présence du public et l'équité du Jury, si ce n'est l'impartialité des juges ; je ne dis pas pour cela que l'erreur soit impossible, mais il faut reconnaître au moins qu'elle forme une exception à la peine réalisable. »

Personne, sans doute, n'ignore que M. de Lamartine marche à la tête des abolitionistes dans le projet de réforme dont il est question ; dans deux occasions différentes, il s'est élevé à des considérations très-élevées, trop même, admirables, nous en convenons, comme œuvre d'imagination, mais elles ont le malheur de ne pas faire un égal honneur à son jugement ; c'est vraiment dommage que les formes séduisantes et suaves de son style recèlent une erreur capitale qui

3

n'en est pas moins une laideur morale pour l'esprit ; nous essayerons d'en discuter quelques-unes ; il n'a pas vu , le grand poète, que dès lors qu'il est en opposition avec les masses, il ressemble à la voix qui frappe inutilement les échos du vide ; du reste je suis persuadé d'avance qu'un amour ardent de l'humanité , une sage amélioration dans le régime des lois , a été le premier mobile de sa pensée et de ses intentions ; mais je sais aussi combien il est facile de se tromper en semblable occasion, l'esprit faisant trop aisément fausse route quand il est égaré par le cœur ; il en est de ces choses à-peu-près comme des instruments d'optique qui , selon les positions diverses , grossissent ou diminuent les objets , sans jamais les présenter sous leurs proportions exactes.

On sait aussi , en retour, avec quelle puissance de raisonnement , avec quel ascendant de vue , avec quel heureux choix d'expressions , avec quelle grâce d'éloquence enfin le procureur-général de Rennes (M. Hello) lui a répondu ; les pièces de ce grand procès sont dans ces deux plaidoyers remarquables , c'est au lecteur judicieux à choisir celui des deux qui est le mieux raisonné.

La vie humaine est inviolable, a dit M. de Lamartine, puis il ajoute : « Les condamnations à mort, bonnes pour les temps écoulés , ne sont plus en harmonie avec les mœurs et les progrès de l'esprit actuel. » Quoi ? mais il n'a sans sans doute pas songé aux effets infaillibles résultants de cette vérité fondamentale que la société ne peut subsister sans un corps de lois , et les magistrats, chargés de les faire exécuter, ne sont-ils pas les mandataires de l'autorité suprême du gouvernement envers les individus? de plus, les lois humaines dérivent des lois divines, et ont avec celles-ci une affinité secrète; or, les lois divines veulent qu'il y ait, sinon parité, du moins proportion, égalité, entre le crime et la punition, il s'ensuit dès lors, logiquement parlant, que la mort appelle la mort, d'ailleurs Jésus-Christ n'a-t-il pas dit dans le sublime Évangile, « *Qui-conque se servira de l'épée, périra par l'épée,* et remarquons que le moment où ce chef des législateurs a prononcé ces paroles solennelles dont la lumière devait régénérer et comme renouveler toute l'espèce humaine; déjà la loi nouvelle était substituée à la loi ancienne, ou plutôt c'était une loi éternelle momentanément rappelée dans les dernières heures de sa vie passagère.

Quant à la seconde allégation tirée du défaut d'harmonie entre les condamnations à mort et nos mœurs, nous ne croyons pas que les temps soient tellement changés qu'une maxime éternelle ne dût plus recevoir son accomplissement...

L'auteur des Méditations, se servant quelque peu de grands mots, parle dans un autre endroit « de la toute puissance des convictions innées, » à cela nous ne répondrons qu'une seule chose; l'interprétation individuelle en matière de religion, qui a commencé à Luther, et que l'hérésie a aussi appelée *conviction intime*, se débat encore en ce moment, au grand scandale de la raison, au milieu d'une mer d'opinions qui se détruisent l'une l'autre ; ces sortes de convictions me paraissent donc à bon droit contestables.

« Les échafauds sont repoussés du peuple, » dit ailleurs le même auteur ; en vérité nous ne pouvons admettre cette assertion, car la foule s'y porte et tout le monde y court ; on a dit plus, on a dit que la masse du peuple semblait se repaître du barbare plaisir de voir couler le sang humain, que c'était de sa part une curiosité de sang ; je crois qu'on se trompe à cet égard sur la cause de cet empressement et de cette prétendue joie qui serait féroce si elle était vraie ; il y a plus de jugement qu'on ne pense généralement dans la foule populaire ; d'abord il faut reconnaître que depuis bien des années le goût des émotions fortes a pris naissance aux théâtres de la capitale, de là s'est répandu dans les provinces et a infecté tous les esprits ; ensuite voilà probablement le raisonnement que fait le peuple, tout peuple qu'il est ; allons voir mourir celui qui du moins, nous en sommes sûrs, n'attentra plus désormais à nos propriétés-meubles ; de plus, physiquement parlant, le sang, c'est la vie ; or, celui qui a souillé sa vie de la boue fangeuse du crime n'a plus qu'un sang impur qu'il est indifférent alors de voir couler... Je sais bien que ce langage n'est pas celui de la sensibilité humaine, ni de la dignité de l'homme, et que le premier sentiment de la créature raisonnable doit être de donner des larmes de pitié à un pareil malheur, et invoquer chaleureusement la clémence divine à ce moment où l'homme échange la brièveté de sa vie contre l'éternité de la vie future ; mais il faut considérer aussi que ce sont là les sentiments que donne l'éducation, et combien peu ont le bonheur d'en avoir reçu? oui, nous aimons à le répéter dans ce moment suprême, parce qu'il est le dernier, ce moment qui rassemble à lui seul toutes les solennités et les mystères de la vie et de la mort; une chose scandaleuse et bien désolante aux yeux de la religion appelée à consoler toutes les douleurs, c'est de voir, au pied de l'échafaud un jour d'exécution, une foule de chrétiens, qui tous croyent à l'éternité des peines et des récompenses futures, et au sang du fils de Dieu mort pour le salut des hommes, des chrétiens, dis-je, rester froids spectateurs de la scène la plus attendrissante, la plus propre à émouvoir les sentiments religieux, exciter du moins la fibre religieuse, et ne pas envoyer vers le ciel, dans une semblable circonstance un seul soupir du cœur, une courte prière, un mot de pardon pour le patient!!! En définitive si l'on craint que la vue du sang n'engendre l'insensibilité et ne contribue à endurcir les mœurs, les magistrats sont là pour changer l'heure des exécutions, et ordonner qu'elles aient lieu de grand matin.

Il dit encore : « La passion, essentiellement aveugle, exclut le raisonnement; l'énormité de la peine n'arrête pas le coupable, c'est sans doute, ajoute-t-il, que l'intimidation n'agit plus sur lui... »

Je réponds ici, ou plutôt un docteur très-distingué par son savoir et que la mort a enlevé tout récemment à la science (le docteur Marc) répondra pour moi : « il n'est pas douteux, dit ce dialectitien, que, dans beaucoup de cas, la vivacité de certaines passions puisse parvenir au degré de produire un véritable délire qui, pour cela même, peut détruire passagèrement l'empire de la volonté; cette vérité est même devenue un argument en faveur de l'abolition des peines irréparables, notamment de la mort; cependant ajoute prudemment le même docteur, pour peu qu'on l'adopte d'une manière trop exclusive, pour peu qu'on accorde un champ trop vaste à son application aux lois pénales, on court risque de tomber dans des erreurs funestes au repos social, et de rendre dangereuse une doctrine fondée d'ailleurs sur la vérité et l'observation; ajoutons seulement à ce langage si judicieux une seule réflexion, si la sévérité des punitions n'arrête pas les passions et les crimes, la sobriété de ces mêmes punitions les arrêtera-t-elle?

Néanmoins et pour développer ici toute notre pensée, il me semble qu'il y a matière à admettre les circonstances atténuantes toutes les fois qu'il y a même, en cas de meurtre, mouvement spontané et indélibéré qui exclut pour ainsi dire toute participation de la volonté; ainsi l'état complet d'ivresse, quand il est prouvé n'être point habituel chez l'individu inculpé, une colère subite et violente, peut-être un sentiment exalté de jalousie, etc., au reste pour tous ces cas les déclarations des témoins ont besoin d'être débattues sagement, avec autant de calme que d'intelligence, l'on doit en un mot incliner pour l'indulgence, quand ce qui a précédé, accompagné et suivi le crime, semble la permettre ou la rendre possible. Toutefois je hasarde cette opinion sans la garantir.

Mais il suffit, nous ne suivrons pas davantage cet auteur (de Lamartine) dans ses objections plus ou moins spécieuses, disons même plus ou moins faibles ; aussi bien nous voulions plutôt donner une idée des arguments dont il se contente, et pour la réfutation complète nous renvoyons le lecteur au discours de M. le procureur de la cour de Rennes dont nous avons déjà parlé. On verra comment une longue pratique du barreau jointe à un talent remarquable de la parole donne de force aux bonnes causes.

Je conviens avec les partisans du système que je combats que les corrections douces et modérées en famille ont généralement plus d'efficacité sur les enfants ; mais je crois pouvoir assurer qu'il n'en est pas de même pour les crimes publics ; ici est la nécessité d'opérer un salutaire effroi ; il faut que la vindicte publique soit satisfaite, que la crainte populaire soit calmée, et elle ne peut l'être que par une juste sévérité dans la punition.

C'est avec beaucoup de raison qu'on a parlé du malheur affreux de condamner à mort un innocent ; je gémis avec vous en secret sur cet effroyable résultat ; mais néanmoins je me permettrai de demander si, en bonne logique, les torts de l'erreur doivent se prescrire contre les droits de la vérité ; quand un jury prononce en son âme et conscience et entièrement libre de l'influence d'aucune considération personnelle ou suggérée,

il doit conserver son calme et sa tranquillité première ;
sans doute il déplore amèrement la fatalité des circonstances, la fâcheuse similitude des choses et des
personnes, tristes causes de l'erreur, mais après tout
il savait avant de siéger dans l'enceinte auguste du
tribunal, qu'il n'était pas doué du génie des révélations, en un mot qu'il n'était point un ange, en définitive il est chrétien ou doit l'être ; dès lors il peut
du moins se dire, j'ai donné ma voix, il est vrai, pour
la condamnation quand je devais la donner pour l'acquittement. Eh bien ! Dieu donnera sans doute le séjour
du ciel pour récompense à celui qui, sans cela, en
aurait peut-être perdu l'éternelle possession ; mais que
vais-je parler de ciel et d'enfer dans un siècle où l'on
n'y croit plus, mon temps est bien perdu vraiment,
mais qu'importe ! j'y crois, moi, et cela me suffit.

On viendra nous dire aussi philantropiquement que
les saintes lois d'humanité font une étroite obligation
à la société de donner le temps au repentir de descendre
dans l'âme du criminel ; à cela nous répondrons que la
valeur du repentir ne se mesure pas sur la longueur
des moments, que l'expérience est là pour nous con-
vaincre que les bagnes ne sont pas le séjour ordinaire
des conversions ; la proposition serait beaucop plus
vraie si l'on disait que les moins mauvais y deviennent
pires ; en effet, dès que la perversité et l'habitude du
crime ont une fois corrodé et corrompu jusqu'aux dernières fibres du cœur humain, peut-il encore y avoir
quelque raison d'espérer qu'il batte encore pour la

vertu ? Non, citons un trait entre mille de ce que nous avançons; j'ai lu dans un livre très-digne de foi que tandis qu'un respectable ecclésiastique recevait la confession d'un condamné à mort, il avise dans son immense charité envers le patient un moyen de le sauver, et savez-vous ce que lui répond celui-ci : « je vous remercie, mon père, de tant de bonté de votre part, mais je me connais, si je continuais de vivre, ce serait pour commettre de nouveaux crimes, je préfère la mort, elle m'arrêtera plus sûrement que moi-même. » Ces paroles prouvent en outre que plus d'un condamné en faisant généreusement le sacrifice de sa vie peut encore avoir part aux miséricordes célestes; en effet, faut-il donc s'arrêter à l'écorce des choses ? Cet homme que vous voyez, ce malheureux qui excite si justement votre pitié, quand il monte à l'échafaud ne vous attachez pas à voir sa hideuse pâleur et sa défaillante agonie, voyez plutôt le mérite immense de son acceptation, de la mort qui va lui valoir son pardon pour une éternité et lui ouvrir bientôt les portes du ciel.

Je répondrai encore à l'allégation suivante, que faire mourir un homme par la main du bourreau, c'est s'emparer d'un droit, c'est s'arroger un pouvoir dont Dieu seul est le maître; et l'assassin, Messieurs, avait-il donc le droit d'attenter à la vie de son semblable ? N'est-ce pas lui qui, le premier, par son action sanguinaire et au mépris des lois sacrées de l'humanité, a mis le glaive vengeur entre les mains de la justice, par là même il a dépassé les bornes de la clémence

4

humaine, et ne s'est plus réservé que celle de Dieu...

On a dit aussi : quand Dieu pardonne, pourquoi l'homme ne pardonnerait-il pas? mais est-il bien convenable de comparer l'homme à Dieu? ensuite Dieu fait ce qu'il veut parce qu'il est tout-puissant, et les hommes ce qu'ils peuvent dans la nécessité où ils sont de maintenir la société.

Disons un mot en passant sur la gravité des inconvénients résultant de l'abus des circonstances atténuantes, et sur le système absolu qu'on semble avoir pris depuis quelques années de n'établir sa conviction que sur des preuves matérielles, à l'exclusion des preuves morales.

C'est selon nous au premier chef, mentir implicitement à la justice, c'est rendre vain et illusoire tout cet appareil imposant qu'on avait dépouillé un instant auparavant devant le coupable; il est pourtant bien nécessaire de se pénétrer que ces mots, la vindicte publique, ne sont nullement illusoires et qu'ils demandent une impérieuse satisfaction; qu'on ne se le dissimule pas, le sentiment de la justice est dans le cœur de tous les hommes, et le bon sens aussi est dans tous les esprits; or vous le blessez horriblement ce sentiment quand vous détournez abusivement de dessus la tête d'un coupable le juste châtiment qu'il a mérité, l'indulgence outrée ou la timidité indiscrète, toujours respectable cependant dans son principe, n'en est pas moins au fond de l'impunité; or l'impunité c'est injustice, puisque c'est laisser impuni ce qui mérite d'être

châtié ; en un mot , est-ce donc une petite chose que
la déconsidération de la justice en quelque pays que
ce soit? les gens de bien y perdent leur légitime garantie , et les scélérats y puisent une audace qui menace
de tout renverser par le crime; si l'on faisait au contraire un juste , même un sévère emploi des circonstances atténuantes en matière criminelle , l'administration de la justice par le jury ne serait plus, comme
on le voit, un scandale révoltant; oui, nous aimons
à le dire, et du fond du cœur, il est nombre de cas
où peut utilement se faire l'application des circonstances atténuantes ; combien alors un juré sent diminuer le pénible fardeau de ses fonctions quand il ne
voit pas dans l'action criminelle de l'accusé l'intention
formelle de la volonté ; il ne peut nier, il est vrai,
l'évidence du fait, mais où il y a doute pour lui, il
n'affirme pas, il s'abstient et le déclare, alors la peine
est abaissée...

Développons ici notre idée sur le système presque
absolu de n'admettre que des preuves matérielles pour
se former une conviction ; soupçon, indice, présomption, preuve, certitude, physique ou morale, telle est
la gradation de l'échelle du crime, qui existe non
seulement dans le sens grammatical, mais aussi dans
la pensée, dans l'intelligence humaine ; que sont des
soupçons et des indices pour asseoir un jugement dans
une affaire criminelle? Rien, ils ne valent qu'une présomption, et qu'est-ce qu'une présomption pour déterminer un verdict judiciaire? Rien encore, elle ne vaut
pas une preuve à laquelle on puisse s'arrêter; enfin,

qu'appelle-t-on preuve sérieuse? Ce ne sera certainement pas une ou deux circonstances qui ne seront
point liées ensemble par un rapport intime et nécessaire ; ce ne seront pas non plus des conséquences iso-
lées ou des déductions métaphysiques de circonstances
faibles ; il faudra le concours de plusieurs faits secondaires, je dis secondaires relativement au fait incrimi-
nant, la coïncidence de plusieurs circonstances plus ou
moins majeures, qui se groupant ensemble, appelle-
ront commune d'une commune voix la conviction ;
oui, il faudra la cohésion de plusieurs témoignages
considérables... Alors, et si dans un tel état de choses,
un jury descendant dans la partie la plus secrète du sanctuaire de sa conscience, vient à l'interroger et à se
demander, est-ce bien l'accusé ici présent qui est l'auteur du crime à lui reproché ? Ne peut-il se faire
que ce soit un autre individu ?... Si la voix de sa
conscience exempte de toute préoccupation, surtout de
toute influence étrangère, répond sans hésiter, oui,
cet homme est coupable, il n'en faut pas davantage
pour être sans inquiétude sur la condamnation capitale ;
car enfin la moralité des faits équivaut en certains cas
aux preuves matérielles, puisque la vue elle-même nous
trompe quelquefois ; oui, les sens sont faibles, nos
yeux ne sont pas toujours les sûrs garants d'impressions
reposant sur le vrai, au contraire la puissance du raisonnement basée sur des faits nombreux ne trompe pas :
j'ai dit qu'un juré doit être tranquille, car il a pour lui,
outre les motifs que nous venons de dire, l'identité de
personne ; l'existence matérielle du fait reproché ; la

vérité irrécusable , que rien ne se fait de lui-même ,
enfin après tout cela , si l'individu condamné n'est pas
le vrai coupable , qu'on dise que c'est un être surnaturel, invisible , un être chimérique , et dans ce cas là,
ceux qui rejettent l'admission des preuves morales sont
suffisamment jugés aux yeux du bon sens.

Si , au contraire , un jury ignorant prend pour règle
souveraine de ses convictions les preuves purement
matérielles , qu'il acquitte pour les 19/20e des cas ;
comme la première pensée de l'accusé en commettant
un délit est toujours de dérober les traces de son crime ,
il est évident aux yeux de tout juge instructeur et de
tout homme raisonnable que dans dix accusés , il y en
a plus de neuf de coupables... Au surplus , c'est ainsi
que nous entendons que l'on ne doit pas rejeter les
preuves morales dans la recherche de la criminalité.

Quoi ? le guerrier trouve bien dans son cœur va-
leureux le courage d'affronter la mort , et le criminel
ne saurait la trouver dans le châtiment dû à son crime?
Je sais bien qu'on dira que les positions ne sont pas
les mêmes ; l'un est mû en effet, excité par le noble
sentiment de la gloire, l'autre est sous le coup de l'ir-
résistible arrêt qui lui montre le trépas comme prochain ; cependant de deux choses l'une , où le remords
parle en lui le langage du repentir , en ce cas , il peut
encore être consolé par les douceurs ineffables de l'espérance chrétienne, ou si toute espèce de remords est
éteinte en lui, alors c'est un monstre dans l'espèce
humaine.

Qui sut donner la mort, est certes criminel,
Son supplice en ce jour ne peut être cruel.

Si l'on est de bonne foi, on sera obligé de convenir qu'il y a aussi parmi ceux qui réclament l'abolition de la peine de mort bon nombre d'individus qui, par adoption de chose jugée, par opinion de vogue en quelque sorte, par mode, par bon ton même, traitent d'arriérée la loi qui punit de mort; puis l'esprit français est si vaniteux que, pour plusieurs, c'est pour faire parler d'eux avantageusement, et en faire dire en certaines occasions, voyez comme ces Messieurs ont l'âme tendre et compatissante, leur intarissable humanité est telle qu'ils voudraient en envelopper même les scélérats! Quelle immense charité! Disons plutôt dérisoire pitié, sensiblerie ridicule qui serait niaise si elle n'était pas comique!

Supposé pour un instant qu'on admit l'abolition de la peine de mort, il faudrait nécessairement créer la déportation pour verser le trop plein des criminels hors de France, ou établir des maisons dites « *du crime à vie*, » mais en ce cas, toute l'étendue du sol tournerait bientôt en lieux de prison; car j'ai l'intime conviction que l'adoucissement de la peine tend à multiplier les délits plutôt qu'à les diminuer. En totalité, si tous ceux qui votent mentalement ou explicitement pour l'abolition, voyaient leurs jours menacés seulement l'espace d'une minute, j'ai l'assurance qu'ils seraient bientôt de notre avis, et je souscrirais volontiers à leur opinion de ce moment.

Je sais fort bien que dans la société actuelle on se fait des amis à émettre des propositions qui portent l'empreinte d'une apparente sensibilité, mais je sais aussi qu'il faut être juste avant tout, et que la vraie sensibilité doit être réservée de préférence pour la victime d'un assassinat, elle seule mérite tout notre intérêt, a droit à tout l'attendrissement de nos cœurs, et non un vil assassin...

Le néologisme dans les mots, exploité largement depuis un quart de siècle, n'a, après tout, que des résultats innocents ; mais la nouveauté dans le juste châtiment dû au crime est à mes yeux une monstruosité morale.

Je finis par une courte allocution aux preuves morales.

Nul n'a jamais vu Dieu, dit quelque part l'écriture sainte, cependant il n'y a pas sur la terre un seul homme de bonne foi et tant soit peu éclairé qui ne croie fermement à son existence ; en effet, sa puissance, si ce n'est son nom, malgré toute dissidence d'opinions, soit religieuses, soit politiques, est écrite en caractères de feu au front des astres comme dans tout l'univers, néanmoins la nature des preuves qui sollicitent et possèdent notre croyance, est toute morale, ou bien arrive à notre intelligence par le raisonnement, ce qui est la même chose. Si on l'examine bien, il n'est rien dans la nature qui n'ait sa cause créatrice propre, et la nature elle-même est un effet, c'est l'ensemble et la grande ordonnance de toute la machine, depuis les cils de notre visage, protecteurs préposés à la garde du globe de notre œil, jusqu'à l'éloignement raisonné du soleil, dans le but de ne pas nous consumer tout vivants... Partout sont les preuves vivantes d'une intelligence suprême devant laquelle la nôtre est obligée de se courber incessamment sans y rien comprendre... Mais procédant de l'effet à la cause, et non de la cause à l'effet, nous affirmons que Dieu existe, bien qu'il soit essentiellement occulte ; c'est ainsi qu'ensuite, par voie de conséquence, nous croyons à l'incarnation de la deuxième personne de la sainte trinité, parce que, procédant toujours rationellement, nous disons, pour que le christianisme avec ses pratiques austères et sa morale sévère quoique douce (terme de l'évangile, mon joug est doux), ait pu se enter sur le paganisme si doux aux passions, il y a quelque chose là dedans qui n'est pas naturel, donc il y a du surnaturel, donc le christianisme est divin ; faisant donc ici une application logique de la croyance de tous les êtres vivants ayant de l'intelligence, à la question d'admission ou de rejet des preuves morales en matière criminelle, nous sommes convaincus qu'on sera beaucoup plus porté à ne pas les rejeter.

En attendant, ce qu'il y a de consolant pour la société dans le soulèvement d'une question aussi hardie que celle dont il s'agit, c'est que tandis que tout change autour de l'homme, le cœur humain lui seul reste le même et ne change pas ; toujours le sentiment du juste et de l'injuste y sera impérissable, toujours les théories

mensongères de tous les temps viendront s'anéantir
au feu des discussions tour à tour élevées et aussitôt
victorieusement combattues par des hommes à qui la
Providence semble avoir départi tout exprès un grand
talent pour pulvériser l'erreur, et étouffer dans son
germe une préjudiciable pensée!!!

Donc, par une courte et dernière analyse, d'un
côté, une prétendue violation des droits de l'humanité,
une soi-disant inutilité de la peine capitale, vue au
microscope de nos raisonneurs modernes, une nécessité spécieuse de faire tenir à la justice humaine, dans
la répression des délits, une marche qui soit proportionnée aux progrès sociaux... etc.; de l'autre une
puissance instinctive, un instinct de force intérieur,
un rayon de la raison suprême dont s'illumine quelquefois en ce monde notre propre raison, le bon sens
public partout, enfin l'aveu du coupable lui-même qui,
on l'a vu souvent, dans le moment même où il jette
un regard d'amour vers la vie qu'il est près de quitter,
épanche son âme dans le sein d'un infortuné, comme
lui sous le joug de la captivité, soit d'un agent subal-
terne de la justice, soit enfin d'un respectable ecclésiastique devant qui il laisse tomber comme involontairement ces paroles, certes, bien significatives et bien
mémorables : « c'est moi qui ai commis le crime, j'ai
mérité la mort. »

Après un tel aveu de la part du plus intéressé de
la société, et dont les tribunaux font foi, je n'ai plus
rien à ajouter.

5

Véritablement, quand on réfléchit à la multiplicité des crimes qui se commettent dans certains départements, on est peut-être encore moins effrayé que surpris du chiffre annuel, (quelquefois trois) par an ; en effet, quelles sont les conversations ordinaires, dans les rangs élevés de la société comme dans la classe moyenne, c'est un silence complet sur la conservation essentielle des principes éternels qui garantissent les propriétés et les personnes ; je veux dire la morale et la religion. Quelquefois même un sourire moqueur ou une parole dédaigneuse essaye, comme en se jouant, de déconsidérer les pratiques religieuses, bien qu'elles soient en réalité la chaîne inviolable dont sont liées les vérités les plus respectables ; ils oublient, les malheureux, que la classe ouvrière qui se modèle toujours sur ceux qui lui sont supérieurs, n'étant plus retenus par le frein salutaire des châtiments futurs, commence à n'avoir plus pour le vol, cet éloignement, cette sainte horreur d'une conscience droite ; le besoin qui parfois se joint à une fatale jalousie des biens de la fortune répandue inégalement en ce monde, et voilà comment ceux qui devraient donner l'exemple, soit de bons discours, soit de bonnes actions, ne peuvent renier une désastreuse complicité...

J'ai été jeune et je suis vieux dit le Psalmiste, (p. 36, v. 5), *et je n'ai point encore vu que le juste ait été abandonné, ni que ses descendants aient demandé leur pain ;* et cependant malgré ces paroles sacrées, la cupidité est peut-être pour la moitié dans les crimes qui déshonorent l'espèce humaine, et dont aient à connaître les cours d'assises ; néanmoins nous avons l'avantage de pouvoir ajouter ici : puissent les condamnations capitales continuer d'être rares dans le département des Ardennes !!!

Voici enfin ma dernière réflexion aux partisans de l'abolition. Quand vous accordez une dérisoire pitié à un assassin montant à l'échafaud pour l'expiation de son crime, moi je frémis dans tous mes membres à l'idée seule des lentes tortures de sa victime, et je lui réserve toutes mes sympathies !!!

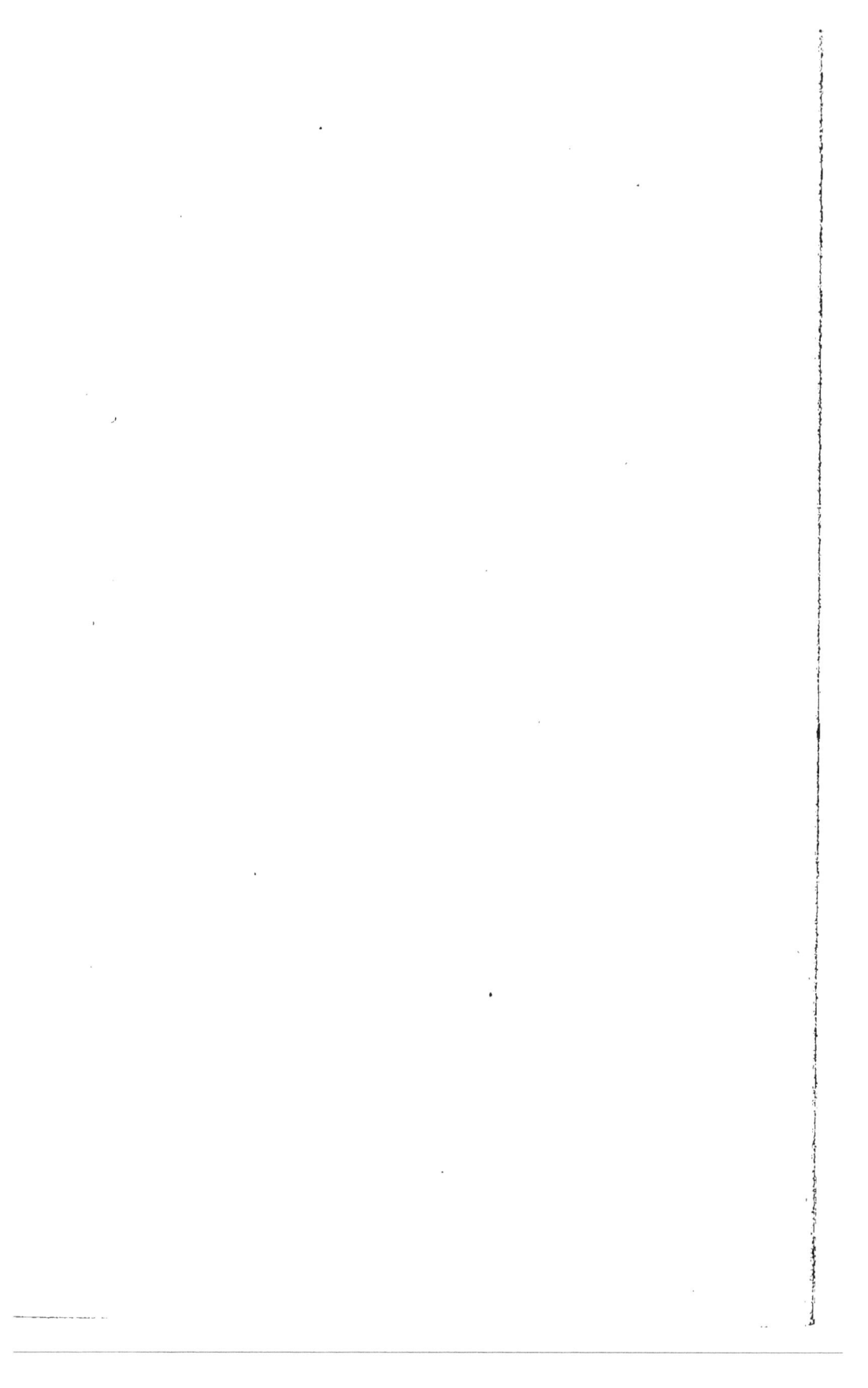

3ᵉ PARTIE

DE CES RÉFLEXIONS.

> « La justice est-elle donc
> indulgence quand même? »

Depuis un demi-siècle environ, des vues sans doute pleines de sagesse et d'équité, ou du moins d'excellentes intentions, suscitées d'ailleurs par le désir du bien et du perfectionnement des choses, qui travaille incessamment toutes les classes de la société, et qui remue tous les esprits, à quelques branches de sciences qu'ils appartiennent, ont amené un changement considérable dans l'application des lois, à l'époque ou dans le moment de la rénovation générale où s'agitent actuellement les questions les plus majeures et les plus vitales, trop heureux si, craignant les erreurs où s'est fourvoyée la littérature de nos jours, nous n'en venons pas dans peu à appeler bien ce qui est mal; à décorer le crime odieux du beau nom de vertu, et à ne réserver à celle-ci, pour ainsi dire, que l'ignominie du crime; je ne crois pas néanmoins que l'éblouissement du progrès des lumières puisse jamais aller jusque-là;

si cela était, ce serait l'époque certaine de la ruine de la France, et la Providence ne permettra pas un tel malheur. Cependant, prenons garde à nous, sachons bien nous persuader que plus les châtiments célestes se font attendre, plus ils sont terribles ; pensons, que si nous faisons notre devoir ici-bas, Dieu certainement fera le sien, lui qui le fait toujours, s'il m'est permis de parler ainsi, par exemple, dans le sanctuaire des lois et sous la foi du serment, un juré qui rend une impartiale justice en véritable homme de bien, il peut compter, du moins pour ces faits, avoir part un jour à la clémence infinie !!...

Cinq choses principalement contribuent à faire jaillir la lumière de la vérité du sein d'une affaire criminelle :

1° La lecture des faits consignés dans le procès-verbal ;

2° La déclaration des témoins confrontés avec l'accusé ;

3° Les débats de la défense ;

4° Les conclusions du procureur du roi ;

5° Enfin le résumé du président.

Nul doute ici que chaque juré arrive dans l'enceinte du tribunal avec l'intention bien formelle de juger selon sa conscience ; il apporte toujours à l'audience solennelle une attention soutenue : en un mot, tout son désir est d'acquitter s'il y a lieu ; mais aussi de purifier la société par le retranchement d'un de ses membres, soit par la perte limitée ou totale de sa liberté, soit même par celle de sa vie, et cela selon l'appréciation des faits et la mesure des circonstances.

Il (le jury) trouve l'existence du fait dans la rédaction même du procès-verbal ; jusque-là, l'accusé est simplement désigné comme étant en état de prévention ; mais il est donné positivement à l'instruction particulière qui va succéder à la première information, de démontrer, oui, ou non, la culpabilité de l'accusé qui siége là, devant les juges.

Nous supposons ici, pour l'intelligence de notre pensée, une accusation de meurtre avec préméditation, c'est-à-dire un assassinat.

Or, les témoignages peuvent être de trois sortes :

1.º Ou ils ont rapport directement au crime, c'est-à-dire qu'ils consistent à avoir vu l'accusé commettre, ou venant de commettre le crime; en ce cas, l'identité est complète, et la condamnation n'est pas douteuse, le genre de condamnation ne l'est pas davantage, car la mort appelle la mort.

2° Ou les témoins n'ont pas vu, mais ils ont entendu l'accusé, antérieurement au fait, tenir des propos renfermant implicitement ou même explicitement l'intention du crime ; ou bien encore l'individu aura été vu porteur d'une arme quelconque, et ses habits auraient été ensanglantés .. Ceci est un témoignage bien direct encore dans un sens, mais moins que dans le premier cas.

Enfin il y a les témoignages contre la moralité de l'individu, que nous appellerons témoignage indirect, bien que méritant encore l'attention particulière et l'appréciation des jurés.

Une fois l'identité du crime et de l'individu reconnue et suffisamment acquise, une deuxième question se présente: l'accusé a-t-il commis le crime avec l'intention réelle de le commettre; l'a-t-il commis avec préméditation, c'est-à-dire dans le dessein formé avant l'assinat; l'a-t-il commis hors le cas de légitime défense, comme aussi n'étant pas dominé par une position morale sous l'influence de laquelle la volonté individuelle ne doit plus compte à la société de ses actes.

En cas de meurtre, non suivi de la mort de l'individu frappé, il faut, pour établir complètement la criminalité du prévenu, que ce soit par suite de circonstances indépendantes de sa volonté.

Pour sortir heureusement du dédale quelquefois ténébreux d'une affaire criminelle, il faut se dire qu'il est une vérité incontestable : 1° c'est qu'un fait ne peut se nier; 2° il ne peut tout à la fois être, et ne pas être, je veux dire, qu'il ne peut se partager.

Certes, je l'avoue, s'il est un moment dans la vie où nous avons besoin de tout notre jugement, d'une logique serrée, enfin de l'emploi de toutes nos facultés intellectuelles, c'est sans doute quand il s'agit de prononcer sur la vie d'un homme notre semblable; deux sentiments alors doivent s'emparer de nos âmes, celui d'une sage crainte de ne point condamner quand il faudrait absoudre, comme aussi de ne point absoudre quand il faudrait condamner; car enfin, Messieurs, il faut bien le dire, la chose est égale des deux côtés; j'ajouterai cependant qu'il faut comme se laisser aller à un secret désir de trouver l'accusé innocent, d'après ce principe irréfragable de l'humanité, qui a presque la consécration d'un adage : *qu'il vaut mieux, sur dix individus, acquitter neuf coupables, que de condamner un innocent.*

Les débats, partie qui exige le plus d'attention, sont le moment où il s'établit une sorte de controverse entre les dépositions orales et l'organe de la défense, c'est là que les faits vont apparaître d'une manière péremptoire, que la vérité sortira peu-à-peu des voiles qui la couvraient d'abord par les faux jours qu'on lui avait donnés volontairement ou involontairement; je ferai même la concession qu'il ne faut pas toujours prendre à la lettre tout ce qui émane de la bouche du magistrat, organe de la loi, lequel, par devoir, doit être sévère comme elle; mais je dirai aussi qu'il faut se défier souvent du système constant d'atténuation des défenseurs; il sera surtout bon de ne pas les suivre dans des considérations quelquefois de peu d'importance, mais qu'ils ont l'art de relever par le talent séducteur de la parole; on remarquera facilement qu'ils grossissent ordinairement certaines circonstances de la cause pour en déduire ensuite des conséquences qui ne sont pas toujours justes.

Les lumières que le jury peut tirer de la parole du procureur du roi, c'est l'accusation dans sa juste rigueur ; celle du président, c'est la cause présentée sous un aspect plus indulgent quoique avec impartialité ; dans le résumé comme dans le réquisitoire, c'est l'ensemble des faits que les mêmes éléments ont rassemblés

6

en groupe, c'est un lien commun qui unit les petites circonstances aux grandes, c'est comme un prisme jeté sur l'obscurité de certaines parties, afin de simplifier le travail de l'intelligence, de telle sorte qu'il n'y ait plus que le oui ou le non à prononcer, pour ainsi dire.

Au milieu des difficultés qui peuvent quelquefois tenir le jury en suspens, la conviction cependant de la culpabilité, la lumière nécessaire pour porter un jugement sain avec un degré suffisant de certitude, humainement possible, s'obtient quand, par l'examen raisonné des faits, on peut se dire que le crime imputé à l'accusé ne peut pas avoir été commis par un autre que par lui, et que sur sa tête se résume la masse des preuves matérielles et morales développées au procès.

En un mot, la charge des faits accusateurs s'applique-t-elle naturellement, logiquement, et moralement à l'accusé? telle est la question précise sur laquelle il faut avoir une certitude entière...

Dès lors, et une fois qu'elle est acquise affirmativement cette certitude, la pitié, excitée quelquefois par la jeunesse ou la parenté de l'accusé; la pitié, ce sentiment admirable qu'il est si doux et qu'on est si heureux de pouvoir exercer envers les autres; la pitié, cette vertu qui fait toute la noblesse et la dignité de la nature humaine; la pitié, en un mot, qui nous démontre à tous notre origine céleste par la participation que nous avons en ce moment solennel avec celle qui réside dans le cœur paternel de Dieu; oui, désormais, ce sentiment divin ne peut plus avoir accès dans vos âmes à quelque titre que ce soit : elle doit se tourner tout entière , et baigner de ses larmes pleines de compassion la victime malheureuse tombée sous les coups de l'assassin !!!

Napoléon , cet homme au moins extraordinaire , mais à qui ses capacités guerrières et administratives ont fait unanimement décerner le nom de grand homme, répondait un jour fort justement à quelqu'un qui lui demandait pour un autre une grâce imméritée ! *Et que diront les gens de bien si j'obtempère à votre recours en grâce ; encore une fois que voulez-vous que je leur réserve ?*

Oui , Messieurs, mes concitoyens pouvant être , à chaque instant, désignés par le sort pour remplir les fonctions importantes de jurés , une chose qui soulève toujours mon indignation (et certes cette émotion sera toujours partagée par tout homme de bien), c'est de voir fréquemment dans les journaux qui rapportent ordinairement les affaires criminelles avec leurs circonstances les plus majeures , que le jury a résolu la question dans le sens du minimum de la peine , *attendu*, dit-il , *les circonstances atténuantes* , tandis qu'en réalité , et en appréciant , le plus minutieusement possible, les faits de la cause, il n'y a pas seulement l'ombre ni l'apparence de circonstances atténuantes. N'est-ce pas là , je le demande , une aberration d'idées ?

A cet égard , on sait fort bien que Messieurs les jurés ne doivent pas compte à la cour des motifs de leur décision , mais nieront-ils qu'ils en doivent compte à la société qu'ils représentent, à la loi dont ils exercent la haute magistrature, enfin à leur conscience?

Quelquefois l'état d'ivresse dans lequel se trouvait l'accusé, sera pour eux une cause d'indulgence; ils semblent ignorer, ces juges à l'eau de rose, que cet état alors porté à l'extrême, peut, il est vrai, aliéner la raison; mais aussi, l'individu succombe le plus souvent sous le poids de cette délirante passion, et n'est capable, par conséquent, d'aucune action.

Quant à moi, après une action vertueuse, je n'en connais pas de plus belle que l'expiation de sa faute, à plus forte raison, si cette faute est un crime!!!

Une pitié, sans discernement, serait une pitié funeste, peut-on jamais accorder au crime l'intérêt du malheur?

Enfin, je demanderai si les jurés manquent de charité pour condamner à mort les assassins et les voleurs de grand chemin? Ne les accuserait-on pas au contraire et avec bien plus de raison, de manquer de charité envers la société, si, par une lâche faiblesse, ils encourageaient l'assassinat et le brigandage?

Gardez-vous donc de vous faire un système de douceur inconsidérée qui vous porterait à retrancher toujours quelque chose à la peine due au délit, en acquittant même quand il faudrait condamner; qu'arriverait-il en effet, c'est qu'appelés par vos fonctions à être les honorables vengeurs de la société outragée et blessée dans un de ses membres, vous en seriez, le dirai-je, les *meurtriers*, par une indulgence coupable.

Vous ne pouvez changer la nature des choses ; quoique vous pensiez, et que vous disiez, la mort appelle la mort (supposé bien entendu les preuves suffisantes), et il ne doit pas répugner à votre sensibilité de marcher les égaux de la loi.

Soyez-en sûrs, le système contraire, que je sollicite, amènera moins de coupables sur le banc du crime. Enfin, pour combattre ici les idées erronées déjà parvenues à l'état de préjugés dans quelques uns, serai-je obligé de mettre sous les yeux de qui de droit, d'un côté, les menaces horribles d'une mort imprévue, la plaie sanglante de la victime assassinée, éprouvant les angoisses de l'agonie et râlant le dernier soupir, et de l'autre, un audacieux accusé, rendu à la liberté par le système décevant d'une fausse indulgence que l'on appellera peut-être une sublime philantropie ; nécessairement les fausses idées amènent les fausses expressions, mais, dont, en attendant, l'accusé ne se servira probablement que pour rouvrir la tombe à quelque autre victime... Cette fois sa perversité sera plus grande, et sans doute, Messieurs, votre indulgence plus criminelle..

Encore une fois, Messieurs, partout où est le crime, ne craignez pas de frapper, votre pitié serait dérisoire ; elle doit, au contraire, se changer en justice sévère pour offrir aux mânes de la personne indignement massacrée, un sacrifice nécessaire, à la société, une utile réparation, à Dieu, un holocauste qu'il demande impérieusement ; car, vous le savez, vous avez juré devant lui de rendre justice en votre âme et conscience.

En cas d'affaiblissement de la peine descendue aux travaux forcés à perpétuité, par exemple, quand la condamnation à mort aurait dû être prononcée, je ne pourrais m'empêcher de dire, ou le jury a manqué totalement d'intelligence et de jugement, ce qui ne fait pas honneur à son esprit, ou bien il y a de la sympathie pour les criminels, ce qui n'en fait pas à son cœur, car ne devait-il pas plutôt la réserver cette sympathie pour le vrai malheur, et en est-il de plus grand que de périr victime d'un assassinat ?

Je prétends même que le système d'indulgence philantropique peut être funeste à ceux qui en sont les plus chauds partisans ; car vous ne l'ignorez pas, Messieurs, l'impunité enhardit plus souvent le criminel qu'elle ne le corrige, et pour dévoiler ici toute ma pensée, dans quelques années peut-être, Dieu vous en préserve ! vous pourriez avoir à gémir sur la perte d'un de vos amis le plus cher, d'un de vos parents, et une indulgence homicide de votre part en aura été la cause !!!

Je ne puis résister au désir de retracer ici un passage de la *Gazette des Tribunaux* (14 novembre 1840) qui, étant la théorie-pratique de mes idées sur les circonstances atténuantes, revient parfaitement à mon sujet ; l'avocat général, après avoir passé en revue tous les faits de la cause qui, selon lui, établissent la culpabilité de l'accusé, tant sur le fait matériel (assassinat) que sur les circonstances aggravantes de préméditation, termine de la manière suivante son réquisitoire :

« Nous n'avons plus, MM., qu'un dernier mot à vous dire, répondrez-vous qu'il existe des circonstances atténuantes en faveur de B. (il y avait tout à la fois preuves morales et matérielles); personne plus que nous ne respecte le pouvoir que la loi a remis entre vos mains; mais je suis aussi convaincu des dangers qu'entraîne l'admission trop fréquente des circonstances atténuantes; il ne faut pas que le jury transige avec sa conscience; on ne peut puiser des circonstances atténuantes que dans la vérité des faits et dans la position de l'accusé, vous savez quelle elle est, vous connaissez ses antécédents; plusieurs fois déjà il a été condamné pour des faits qui ont, avec celui-ci, une effrayante analogie; on se laisse aller à l'indulgence en vue d'une moralisation possible; mais, est-ce que vous ne voyez pas que c'est là un homme incorrigible, une de ces natures insensibles qu'il est impossible de corriger qu'en les supprimant? En les repoussant sans merci, la société ne fait que rendre bonne justice; et comme le disait un des témoins : *Qui a donné la mort, la mérite!* Vous le direz, MM., nous nous le réquérons. »

J'ai recueilli ces paroles, parce qu'elles me semblent remarquables par la concision et l'énergie, et aussi parce qu'ayant été prononcées sous l'impression brûlante de débats judiciaires, elles acquièrent, par-là même, aux yeux de tout homme sensé beaucoup plus de respect et de sainteté.

Ainsi, vous le voyez, ne pas absoudre; en définitive,

quand il faut condamner, *et vice versâ*, encore moins condamner quand il faut absoudre, tout gît là; il est très vrai que beaucoup de jugement et de tact sont nécessaires en bien des cas, parce que tout consiste et se réduit presque en un seul point, au-delà duquel c'est injustice, et en deçà, au contraire, bonne et saine justice; cependant et malgré ce que j'ai pu dire dans ces réflexions en faveur de l'accusation, si les motifs ou causes atténuantes prises dans les faits, égalent les charges de l'accusation, ou du moins les diminuent fortement, jurés, absolvez, car il est bien doux de laisser jouir de la vie à son semblable; bien que coupable, l'accusé a été malheureux, l'indulgence et l'humanité sont aussi un apostolat, et Dieu, miséricordieux par essence, approuve toujours la miséricorde aux conditions que nous avons dites.

Enfin, je termine par un dernier extrait.

Voici un fait nouveau et patent d'admission, inconcevable de circonstances atténuantes, à joindre avec les autres; il est du mois de février 1842, et est tiré de la *Gazette des Tribunaux* :

Jeanne Bouchet, jeune et belle fille, de la commune d'Abbans, département du Doubs, était enceinte des œuvres d'un nommé Marle, artiste vétérinaire, cet homme soutenait antérieurement contre tous que sa maîtresse n'était point enceinte. Un jour, il lui donna un rendez-vous dans la campagne, étant porteur d'un pistolet et d'une fiole, et elle d'un gâteau et d'un morceau de sucre; tout autorise à croire que cette fiole était pour la lui faire avaler, afin de détruire l'enfant qu'elle portait dans son sein ; elle aura résisté, et il lui aura donné la mort poussé par la rage qu'excitait en lui ce refus... Jamais l'accusé, malgré tous ses efforts, n'a pu rendre compte de son temps depuis l'instant de son départ de la maison Bouchet jusqu'au moment de la découverte du corps de Jeanne, etc.

« Chose étrange et que je ne puis m'expliquer, ajoute le collaborateur d'un journal : Les jurés ont reconnu l'existence de circonstances atténuantes, mais où sont donc ces circonstances atténuantes? Serait-ce par hasard qu'un second coup de feu ne prouve pas l'intention formelle et persévérante de tuer ? Serait-ce que le soin de tailler une baguette pour bourrer le pistolet ne prouve pas une préméditation bien arrêtée de commettre le crime? Et cette poudre trouvée dans les poches du pantalon, ne vient-elle pas attester la prévision qu'il serait peut-être nécessaire de charger le pistolet une seconde fois ? Ou bien, enfin, serait-ce parce que l'assassin commettait un double meurtre en tuant à la fois, la mère et l'enfant, qu'il a droit à quelque excuse ou à quelque pitié ? »

Cette déclaration de circonstances atténuantes lorsqu'elle n'est pas motivée est un malheur bien certainement ; elle affaiblit et détourne les effets de sa justice, elle fausse la loi et la logique ; les jurés n'écoutent que la commisération qui s'empare d'eux lorsqu'ils ont déclaré un homme coupable ; il leur répugne de penser que leur verdict fera tomber une tête ; ils savent

7

qu'il suffit d'un mot pour changer la peine, et ils disent ce mot ; ils oublient qu'ils ne sont pas là pour s'attendrir sur le sort du coupable, mais bien pour veiller à la sûreté de la société? Assurément la peine des travaux forcés à perpétuité n'est pas une douce chose, et le coupable est bien puni ; mais il est fâcheux qu'on vienne déclarer qu'il y a des circonstances atténuantes quand il n'y en a pas. — Soyez clément si vous voulez, dites que vous avez horreur du vice, signez un recours en grâce, mais ne dites pas qu'un homme qui a été à la fois homicide et infanticide est excusable en partie aux yeux de la justice et aux vôtres...

— Que me reste-t-il à dire après d'aussi excellentes raisons, sinon qu'il est évident plus que jamais que Messieurs les jurés, au moins pour la plupart, veulent moins échapper au malheur de condamner un innocent qu'ils ne rejettent mentalement et implicitement la peine de mort; cette vérité ne ressort-elle pas clairement de la plupart de leurs jugements? Aussi, je me sens fortement porté à protester contre, sans croire, pour cela, être hostile à l'humanité.

Un poète, sublime surtout par l'élévation et la noblesse de sa pensée, l'a dit :

« Le crime fait la honte, et non pas l'échafaud. »

N'êtes-vous donc pas persuadés comme moi que, vis-à-vis l'immense bonté divine, l'homme criminel, vraiment repentant aux pieds de l'instrument de mort, quand il en aura monté les fatales degrés, c'est pour aller s'asseoir dans le ciel à côté du bon larron.

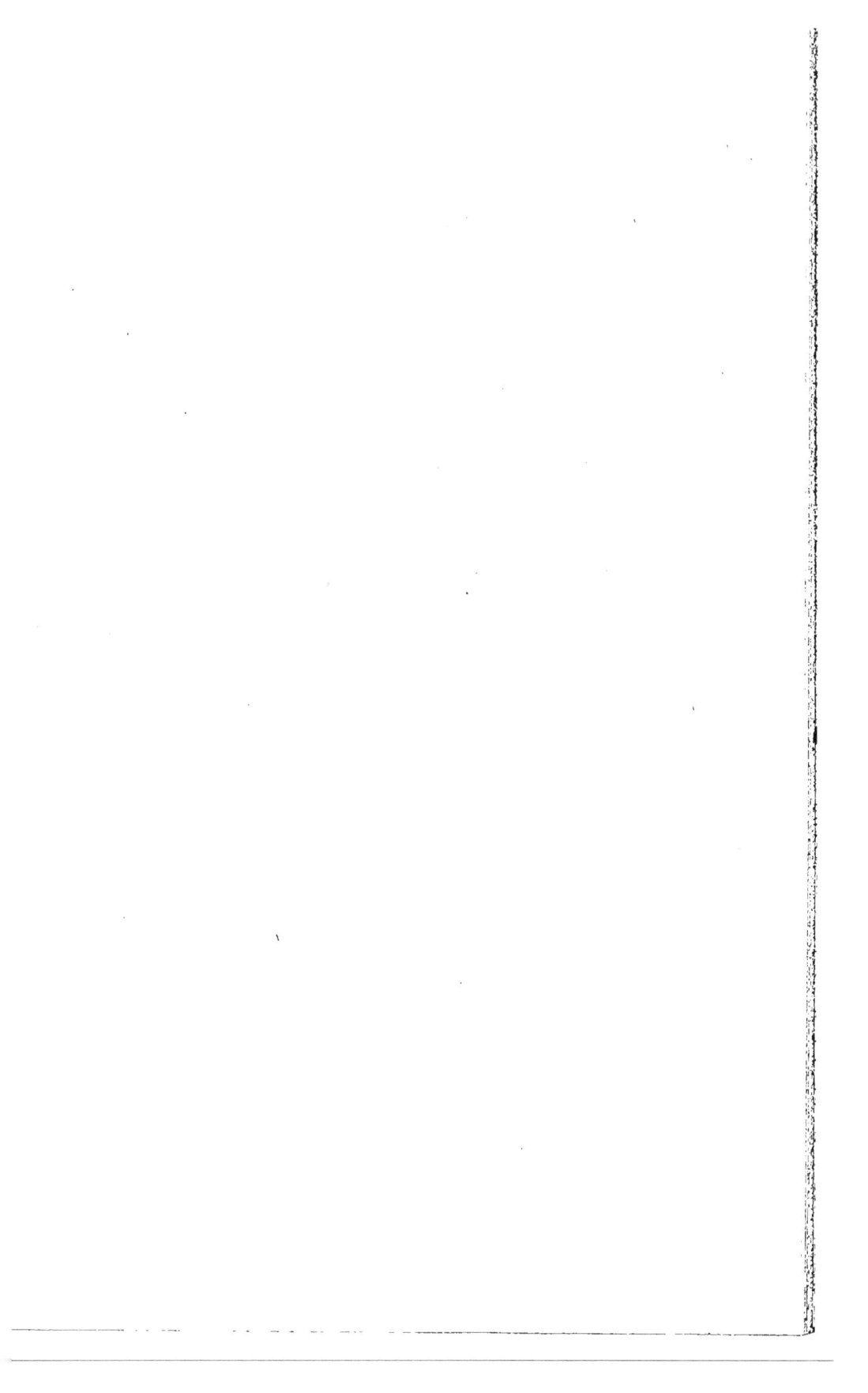

D'après le petit travail que l'on vient de lire, j'ai rencontré, chez un libraire, le livre dont il est parlé dans la préface, et le système comme le raisonnement de l'auteur m'en ayant paru complètement faux, j'ai essayé d'en faire la Réfutation que je donne ici.

Nous sommes, je l'ai dit, dans un siècle de rénovation, mais non pas dans celui d'une vraie régénération ; l'invention de l'imprimerie et de la boussole a effectivement apporté un changement immense dans la littérature et dans les sciences naturelles ; mais de nos jours, celle de la vapeur, cause de mouvement, si vous voulez, n'en n'est pas une de progrès réel. Par cette nouvelle découverte, les rapports de la pensée, rendus plus prompts entre des millions d'individus, accroîtront certainement l'empire de l'industrie, mais tourneront-ils également au profit de l'intellecte ? Nous en doutons, l'intelligence pouvant finir en quelque sorte par se mécaniser.

J'ai lu attentivement les considérations et les raisonnements entassés et laborieusement produits contre la peine de mort, et je suis resté ferme et inébranlable dans l'opinion contraire. Je me suis dit, c'est une spécieuse utopie, par laquelle, dans une nation demi-incrédule, ou n'ayant qu'une foi mourante, on veut faire croire, semble-t-il, à une philantropie pratique, tandis qu'elle est toute systématique. Le seul aspect de la société prouve que nous sommes devenus graduellement sensuels pour avoir, pendant trop longtemps, rejeté les idées spiritualistes, c'est à un tel point que la vue de tout supplice quelconque nous révolte, et que l'échafaud nous cause des spasmes d'épiderme, sans que pour cela, du reste, notre sensibilité aille plus loin; mais il ne faut pas nous en étonner; c'est la marche ordinaire des idées; quand l'amour de l'humanité a déserté les cœurs, elle a coutume de se réfugier dans l'esprit. C'est comme une fausse dignité à laquelle nous aspirons, et rien de plus; semblable en cela à un riche ruiné qui, par amour-propre ou ressouvenir, affecte encore, sous des haillons, des airs de grandeur et d'opulence; je le répète, c'est précisément l'absence et le néant de notre mérite actuel, toujours sous un rapport général qui fait l'ostentation de notre morale fastueuse, et de notre sublime indulgence en paroles.

L'idée première d'abolir la peine de mort pourrait tout au plus se pardonner dans la bouche d'un défenseur de cours d'assises, au moment de la chaleur et dans l'entraînement de l'improvisation, mais jamais à l'homme de cabinet au milieu de la retraite et du silence ; c'est une prétention fonciérement insoutenable, et qui ne pourrait supporter un instant l'examen de la réflexion ; c'est de la part des novateurs un simulacre de conviction plutôt qu'une véritable persuasion ; il arrive, en effet, qu'on fait croire quelquefois à son esprit ce que l'on veut, à force d'y penser toujours, d'entendre sans cesse, autour de nous, nos amis, nos connaissances, prôner la même idée ; il serait beau cependant d'abjurer une erreur dès qu'on la reconnaît ; l'homme est faillible, mais sous ce point de vue même, il est encore plus beau de se relever qu'il n'a été déplorable de tomber... Quant à nous, notre conviction est si forte sur la question, que si ce n'était l'intérêt de la vérité, nous dédaignerions de revenir encore sur cette matière.

La nature humaine, nous l'avouons, est presque indéfiniment perfectible, mais en fait de pénalité et parce que les formes de la justice ont été dépouillées antérieurement de circonstances plus ou moins barbares, suites fâcheuses de l'ignorance des temps, s'ensuit-il pour cela que cette perfectibilité comporte l'abolition de la peine de mort ? Nous ne le pensons pas. J'ai vu avec un inexprimable plaisir la suppression des cruelles accessoires qui accompagnaient quelquefois la peine capitale dans les temps anciens ; mais je ne puis être pour l'abolition de la peine elle-même.

Enfin, un homme estimable, un citoyen paisible a disparu de la société par le crime d'un autre ; est-il juste que son assassin , après bien des poursuites de la justice humaine , montre encore son visage à aucun être vivant de la société , et continue de conserver une vie qu'il a employée à trancher celle d'un autre? Non , il n'en n'est plus digne; et si , par erreur ou par indulgence , il échappe aux liens de la justice des hommes , je craindrais trop pour moi une récidive... Qui vous a dit , en effet , qu'il deviendra repentant? Qui vous a dit qu'il ne ressaisirait pas un jour le trésor de son ancienne liberté , soit par la ruse , si ordinaire aux méchants , soit par l'effet de circonstances politiques? En définitive , je savais bien que les païens et les idéologues avaient donné un bandeau à l'amour en signe de sa folie et de son aveuglement moral ; mais j'ignorais qu'on en eut jamais revêtu le front de la justice !!

Avant d'aller plus loin , il est bon de rappeler ici les vérités sacrées qui sont la base universelle de toutes choses. Ces vérités fondamentales sont : l'existence de Dieu et sa justice ; la venue de Jésus-Christ sur la terre , la publication de son Evangile , l'éternité des peines et des récompenses , et s'il était nécessaire , la conversion du monde entier au christianisme est là pour forcer l'incrédule jusque dans ses derniers retranchements... Ce que nous dirons donc se rattachera toujours de près ou de loin à ces mystères , non pas que la justice divine puisse précisément servir de modèle à la justice des hommes , mais néanmoins les institutions humaines ont un point de contact intime avec nos croyances du passé et celles de l'avenir.

Je vais donc consigner ici quelques observations que j'oserai appeler des vérités, parce que assez de faits sont venus leur donner la consécration de l'expérience.

L'esprit public s'est montré jusqu'alors, et voilà tout le secret, d'autant plus avide de tolérance et qu'il reconnaît plus évidemment que la corruption générale dépasse les punitions ordinaires et même toute punition !!

Dans la présente discussion, le sentiment de notre dignité est tout-à-fait pris à contre-pied ; on prétend arriver au bien, à une utile réforme, par un vice notable dans les moyens répressifs du mal.

Le juste et l'utile sont essentiellement liés l'un à l'autre en ce bas monde, de telle sorte que tout ce qui est généralement utile est presque toujours juste, et réciproquement ce qui est juste est presque toujours utile, pourvu qu'il soit opportun.

Vainement alléguera-t-on qu'en punissant un meurtrier de la peine de mort, on met sous les yeux de la société l'image du meurtre ; qu'on y fasse bien attention, oui, l'image du meurtre, mais du meurtre par la loi, cette autre image sacrée de la force morale et de la justice, cet emblème de la foi des consciences quand même, cet égide impérissable de la vertu contre le crime.

L'opinion publique, dit Bonaparte, (MÉMOIRE DE STE-HÉLÈNE), *est une puissance invisible et mystérieuse à laquelle rien ne résiste ; cette puissance est vague néanmoins malgré sa force. Elle est semblable, a dit un*

8

autre auteur, *à cette aiguille qui marque le temps, sa
marche nous échappe, mais ces résultats nous arrivent.*
Malheur aussi à la société, si l'opinion publique est
erronée, et si elle prend l'ombre pour le corps ; néanmoins, je prends acte, en passant, de la parole de
Napoléon, et je prétends que la masse des opinions
sur la question qui nous occupe est pour la conservation de la peine de mort.

Un philosophe a prétendu, dit encore le Prisonnier
de Ste.-Hélène, *que les hommes naissaient méchants ;
cette opinion est celle de l'église catholique ; ce serait
une grande affaire de rechercher s'il dit vrai ; ce qu'il y a
de certain, c'est que la masse de la société n'est pas mé-
chante ; car si la très grande majorité voulait être criminelle
et méconnaître les lois, qui est-ce qui aurait la force de
l'arrêter ou de la contraindre ?*

Pour le moment je tire l'unique conséquence qu'il
faut donc se hâter de retrancher d'une société paisible
l'être perverti qui, tout au moins, la troublerait, s'il
ne la corrompait pas.

Après ces idées préliminaires, nous allons nous oc-
cuper de répondre selon nos forces, et réfuter, s'il
est possible, les différents motifs allégués par M. Ch.
Lucas, dans un ouvrage dont il est l'auteur, est qui
est intitulé : *Système pénal et répressif en général, et de
la Peine de mort en particulier,* dans lequel il conclut
en faveur de l'abolition de la peine de mort.

Pour mettre à même le lecteur d'apprécier la valeur des arguments par lesquels M. Ch. Lucas prétend

changer le système de pénalité, en proposant de sup-
primer la peine de mort ; nous ne voyons rien de mieux
à faire que de mettre sous ses yeux les différents motifs qu'il fait valoir ; nous essayerons de les discuter ;
**nous serons consciencieux dans nos citations, choisis-
sant ceux qui nous paraîtront les plus convaincants ;**
par-là, il sera facile d'asseoir un jugement raisonné
sur cette grande question lancée dans l'opinion publique depuis quinze à vingt ans ; ce sera, pièces en mains,
pour ainsi dire, qu'on pourra la résoudre, de telle
sorte qu'il sera possible d'appeler cette petite revue :
La peine de mort justifiée par ses antagonistes.

Faisons un instant table rase du passé, et supposons
qu'on veuille reconstituer de nouveau les éléments de
la société ; certainement il y aurait des lois répressives
qui, prenant le parti des opprimés, frapperaient le
coupable partout où elles le rencontreraient, et ces
lois seraient administrées par des magistrats instruits,
et, dans tous les cas possibles, capables de bien les
interpréter et de les appliquer ; les passions des hommes
se développant toujours sous l'influence de plusieurs
causes, et par le seul fait de la réunion des hommes
entre eux, tout rend ces lois absolument nécessaires,
personne n'en doute ; ouvrez, en effet, tous les codes
possibles, et vous verrez établis partout les peines et les
châtiments réservés au mal, et toujours aussi la graduation de ces mêmes peines ; cette marche est d'ailleurs parfaitement d'accord avec le sentiment intérieur ;
or, en remontant l'échelle de la pénalité autant qu'il
sera besoin, je demande si, rencontrant le crime du

meurtre à punir, on n'a pas dû, on n'a pas bien fait de lui décerner la peine de mort? Ce n'est pas, sans doute, que la première législation touchant un fait criminel au premier chef, ne savait très bien :

Que l'on ne revient pas de l'empire des morts ;

mais elle n'ignorait pas non plus que la société tout entière demandait une réparation proportionnée, je ne dis pas vengeance ; depuis le christianisme, ce sentiment doit être à jamais banni, et qu'une peine moindre serait insuffisante. Je demanderai si cette société, en effet, ne doit pas être considérée, à raison de l'unité de son organisation politique, de l'unité des mêmes croyances, en partie du moins, de l'usage de la même raison, enfin, par la communauté des mêmes sentiments, si elle ne doit pas être considérée, dis-je, comme ne faisant qu'un seul homme ?

En ce cas, la mort donnée juridiquement en retour de celle que l'assassin avait voulu donner, ne peut être regardée comme injuste, il y a parité, il y a ressemblance ; vous convenez forcément que de particuliers à particuliers, et dans le cas de légitime défense, l'un peut donner la mort à l'autre ; eh bien, j'ajoute que la justice d'ici-bas à laquelle ont été remis les pouvoirs de la société, est dans la nécessité expresse de rassurer les membres de cette société, effrayés, émus, par suite d'un attentat dont le souvenir incessant fait encore briller à tous les yeux l'arme sanglante du coupable...

Lorsqu'un meurtre a été commis, oserai-je dire à

mes adversaires, est-ce qu'il ne vous semble pas que l'âme de la victime demande à la société, par de secrets gémissements, par les plaintes concentrées d'une douleur amère, raison et justice contre le meurtrier ? Est-ce que vous n'entendez pas les voix éplorées de parents, d'amis, d'une épouse désormais condamnée à des larmes éternelles, réclamer puissamment justice, et justice sévère contre le bras homicide ; et pour parler encore d'une manière plus explicite, supposons un instant que la victime d'un infâme assassinat, étendue mourante sur un lit funèbre, puisse néanmoins quelques moments avant que d'expirer, faire entendre ces paroles solennelles : « Je demande au nom du sentiment sacré de la famille dont j'étais le soutien, je demande au nom du lien adorable de la fraternité qui me lie nécessairement à cette autre famille du genre humain dont j'étais membre, réparation... réparation... de la part de l'assassin, s'il n'est pas encore atteint par la justice, que l'on cherche de nouveau... en de telles circonstances, j'interroge ici les consciences qu'auraient à répondre les individus devenus plus tard jurés dans les débats de cette affaire criminelle ? Je m'empare donc de ces paroles imposantes, et je demande moi-même si ce cri spontané de la victime, disons aussi de la justice naturelle et éternelle, si ce cri dont chaque être humain porte le sentiment dans le cœur, n'est pas pour les magistrats, n'est pas pour Messieurs les jurés l'oracle même de la justice. D'ailleurs, que par un sublime effort de la vertu, la victime, près d'expirer, demande *grâce pour l'homme*,

c'est un titre de plus à la prochaine récompense céleste ;
mais ce cri sublime ne peut avoir d'écho dans le sanctuaire consacré à prévenir d'autres crimes , à préser-
ver d'autres victimes ; et néanmoins, malgré tous ces
motifs patents pris dans la nature , et après toutes ces
expressions si énergiques de la vérité, vous viendriez,
au nom d'une philosophie mensongère , demander grâce
de la vie pour le coupable ? Dérisoire pitié ! étrange
renversement de la société. Quoi! indifférence *toujours*
pour la victime , et pitié *toujours* pour le coupable !
Donnant sans doute pour prétexte . comme si les pré-
textes pouvaient être admis en pareil cas! l'égarement de la passion, et qu'il n'y a que Dieu qui soit
maître de la vie humaine ! Mais ouvrez donc les livres
saints, ces recueils de vérité sublimes , et vous verrez
si Dieu, qui défend jusqu'aux mauvaises pensées, n'a
pas en abomination le meurtre , et toutes tentatives de
meurtre ? Saint Paul , ce disciple illustre , dont personne ne peut nier le brillant apostolat , Saint Paul le
dit : « Craignez les puissances , car ce n'est pas sans
raison qu'elles portent l'épée ; » or l'usage de l'épée
renferme implicitement l'idée de mort. « Que si vous
faites bien , vous n'en n'aurez rien à craindre » dit le
même apôtre; je demanderai si ces termes de l'é-
loquent commentateur de l'évangile , ne sont pas une
réalité bien plus qu'une simple figure ? Eh bien , s'ils
expriment une haute vérité , pourquoi donc les rejeter , ou même les nier peut-être ? Ainsi , vous le voyez,
les gens de bien n'ont pas d'intérêt , eux , à changer
cette ancienne forme de législation contre les meurtriers,

ils y trouvent, au contraire, le gage le plus certain
de leur sécurité. Pour vous, qui combattez dans des
rangs opposés au sujet de ce grand intérêt public,
vous vous montrez, avec un zèle inqualifiable, les ar-
dents défenseurs, le dirai-je, de l'écume et des rebuts
de la société !!

Mais peut-être, direz-vous, cette société n'a pas le
droit primordial de donner la mort à nul être vivant
humain, et il n'y a que Dieu qui ait ce droit... Ici, je
sens qu'il est nécessaire de prendre les choses de plus
haut. L'autorité royale, n'importe quels soient les
principes constitutifs de la société dont nous parlons,
a la haute fonction de la conservation de tous, vie,
corps et biens. Du trône élevé qu'elle occupe, elle voit
mieux que tout autre les degrés de la juridiction nécessaire pour gouverner les hommes ; elle ne les voit
qu'en masse, et si en vertu des lois existantes et trans-
mises de siècle en siècle, elle fait avec répugnance le
sacrifice d'un ou de plusieurs individus, c'est encore
dans l'intérêt de tous, et, au temps où nous sommes,
puisqu'il faut pousser, en toutes choses, les recherches
jusqu'aux plus intimes profondeurs, je n'hésite pas,
dans ma conviction, de donner pour origine à la peine
de mort, le sentiment intérieur ; c'est lui qui, dès le
berceau des temps, en a été le principe générateur,
et quoi qu'on en dise, ce sentiment ne trompe pas. Je
sais bien qu'on pourra alléguer qu'avec l'admission de
ce principe, on fait de l'arbitraire sur le fait du sang
humain, et moi je répondrai toujours : « Celui qui ne

fait pas le mal ne craint pas l'épée du roi. » Au surplus je consentirais volontiers à prendre, pour arbitre
de cette grande question, un simple enfant, pourvu
qu'il y ait en lui un léger développement d'intelligence ;
ex ore infantium veritas, dit la Bible ; je suis sûr que,
chez cet enfant, le cœur naïf et le bon sens naturel
dicteraient seuls la réponse ; qu'on l'interroge sur ce
qu'il pense de la peine qu'a méritée un homme qui a
donné la mort à un autre homme, et vous verrez s'il
hésitera de donner une opinion conforme à la nôtre :
pourquoi cela ? parce que, comme nous le disions
tout-à-l'heure, c'est la voix du sentiment intérieur qui,
dans tous les âges, reste vierge et intacte quand on
ne l'étouffe pas par d'injustes préventions. N'a-t-on pas
vu, au contraire, les plus grands esprits s'égarer dans
les régions nuageuses de l'erreur, parce qu'ils ont
voulu s'élever trop haut, entraînés qu'ils étaient dans
la poursuite de vérités morales par de fausses lueurs
d'améliorations.

Disons en premier lieu que M. de Remusat, écrivain, et
tout à la fois orateur distingué, a dit quelque part : « *que
l'abolition de la peine de mort n'avait pour elle que des raisonnements et des conjectures, est-ce assez, a-t-il ajouté,
pour la mettre à l'essai ?* »

Maintenant il est temps de commencer la revue de
l'ouvrage annoncé plus haut :

Dès les premières pages, l'auteur fait un aveu que
je me hâte de consigner ici, parce qu'il est tout-à-fait
favorable à ma cause ; le voici :

La justice ne peut être dans la société que ce qu'elle est dans ce monde, c'est l'ordre.

Et plus loin : *Il s'agit uniquement*, dit-il, *d'analyser le péril social ; si une fois la société prouve qu'elle est dans ce péril qui constitue l'état de légitime défense, nous lui en reconnaîtrons tous les droits.*

Voici la même pensée, corroborée par un auteur anglais, s'exprimant ainsi : *C'est par la nécessité seule que la peine capitale peut être justifiée ; on ne peut prendre sa défense que comme on justifie la guerre, ou tout autre attaque ouvertement dirigée contre la vie de l'homme, c'est-à-dire, en soutenant que le droit de défense naturelle l'exige. — Avant d'ôter la vie à un homme, même en conséquence de ce droit, il doit être moralement démontré qu'il n'existe pas d'autre moyen de prévenir la violation de la sûreté publique que le sacrifice du coupable.*

Eh bien ! oui, disons le hardiment, il y a péril pour la société, parce qu'il arrive moralement et logiquement que l'audace du criminel s'accroît par l'impunité, ou, ce qui est la même chose, par une punition peu redoutable ; il faut, au contraire, pour qu'il y ait répression véritable, que le coupable conçoive de la frayeur en face de la menace formidable de la justice humaine, en un mot, c'est encourager le crime que de le punir faiblement. Voyez du reste, on punit le vol par la captivité et on a raison ; vous remarquerez que, dans cette punition, il y a quelque chose d'homogène au délit ; car la privation de la liberté est la réparation de son abus ; elle est aussi la représentation

9

d'une perte d'argent qui vient en compensation de celui qu'on a injustement soustrait, soit numériquement, soit en valeur, ce qui est la même chose; on sévit davantage contre le vol avec effraction, parce qu'en effet il y a une volonté plus criminelle dans cette effraction même; enfin, si un meurtre vient terminer ou combler ces tentatives coupables, le sentiment de la réparation par le châtiment doit ressortir proportionnellement aux yeux de la multitude, et suivre tous les degrés du crime; voilà du moins comment je conçois la justice dans mon simple bon sens... d'où je conclus que si une attaque au prochain, dans ses biens temporels, se punit par la perte des biens temporels de la part du coupable, une attaque à la vie doit se punir par la perte de la vie, dans le même esprit de conformité; autrement, la répression restant au-dessous du délit, n'imprimerait pas assez de terreur au délinquant, et par suite ne rassurerait pas assez la société effrayée; enfin trop d'indulgence dans la punition ne permettrait pas de croire que la société ne soit point en péril... et cela est si vrai, qu'au sortir des bagnes, le criminel est plus pervers et plus à craindre.

Poursuivant notre revue, M. Lucas prétend *que l'ignorance et la misère étant les deux plus grandes causes des crimes qui se commettent, il croit qu'il serait possible d'arriver à une moins grande culpabilité sociale en répandant l'instruction et en procurant l'aisance.* Ce qu'il entend sans doute pour le dernier membre de la phrase, en créant des établissements publics qui donnassent du pain à ceux qui n'en ont pas.

A cela nous répondons que l'ambition et la cupidité sont insatiables, et ces moyens sont trop généraux pour atteindre tous les individus ; la fréquence des vols dans les grandes villes , commis par nombre de gens qui sont loin d'être pauvres et ignorants, prouve suffisamment que les délits ne s'allient que trop souvent avec l'aisance et l'instruction.

Deux systèmes sont en conséquence proposés par lui: celui de la déportation suivi par l'Angleterre et la Russie, et le système pénitentiaire en usage aux Etats-Unis.

Mais la déportation n'a qu'un tout petit inconvénient, c'est que l'on commet des vols pour l'encourir , tant elle est douce probablement ; ce qui porterait à dire qu'il ne faudrait déporter que les forçats libérés ; de cette sorte donc , il y a comme une prime d'encouragement au crime dans la loi même. Quant au système pénitentiaire, bien que l'auteur dise dans la partie de l'épigraphe de son Livre , *que plusieurs regardent avec horreur la captivité*, etc.; cependant il me paraît évident que cette punition n'est point assez répressive, en ce sens , qu'elle ne doit pas assez effrayer les mal intentionnnés quelque moment avant de consommer un crime...

Plus loin M. L. avance qu'un des meilleurs moyens de détourner du meurtre, c'est de ne point en donner l'exemple en public...

Selon lui, la vue d'une chose, d'un acte quelconque, est comme une contagion, une sorte de sollicita-

tion à l'imitation, une fascination. . . . que sais-je,
moi ? Mais cela n'est nullement vrai au fond, dans le
cas d'une exécution capitale où les spectateurs, dans
le calme total des passions, éprouvent plutôt le sentiment contraire à celui qu'on semble craindre.

Il nous arrive quelquefois, et nous nous en félici-
tons, de marcher parfaitement d'accord avec l'auteur,
comme par exemple, quand il dit : *sous l'invocation des
lois éternelles du juste et de l'injuste qui ne changent ni
ne varient jamais, la vérité qui est une, une fois saisie,
s'impose et se fait prévaloir.*

Nous espérons pouvoir, dans la suite de ces réflexions, appliquer la vérité de ce passage au sens que
nous défendons.

M. L. dit plus loin : *Les notions et les sentiments du
juste ne permettent pas à l'homme de se jeter dans le mal
plutôt que dans le bien, s'il n'a de puissants motifs de préférence, et ses sentiments sont presque toujours accidentels.*
Prémunir contre ces accidents, ces tentations, c'est précisément le but de l'éducation et de la loi.

Ici l'auteur semble avoir fait oubli du passage de
St-Paul où il est dit dans la langue de Tacite : « Je ne
fais pas le bien que je veux, et je fais le mal que je
ne veux pas. » En commençant ces réflexions, j'ai in-
voqué l'autorité de l'Ecriture sainte, on a dû m'accorder cette permission, et je crois qu'on l'a fait; or, il
est dit dans la Genèse : « L'homme est enclin au mal
dès sa jeunesse; » à mesure que l'on grandit, la mauvaise compagnie que l'on fréquente, non pas toujours

habituellement, mais quelque fois par circonstance, le contact que l'on a nécessairement avec des individus sans conscience, enfin les mauvais exemples d'un monde corrupteur, tout cela tend à rendre mauvais ceux qui étaient nés du reste avec les meilleurs inclinations. Heureusement pour la société, ce n'est que le petit nombre qui pousse la perversité jusqu'au dernier degré. Enfin, il faut bien le reconnaître, si nous voulons rester dans le vrai, la nature humaine a été viciée jusque dans ses dernières fibres par la désobéissance du premier homme contre le Créateur suprême. M. L. nous semble donc faire trop bon marché, ou en d'autres termes, a une opinion beaucoup trop avantageuse de l'humanité dégradée, telle qu'elle l'est réellement; d'un côté cela lui fait honneur, parce que c'est probablement dans son cœur qu'il a puisé cette croyance, mais discutant ensemble les droits sacrés de la vérité, devais-je dissimuler quelque chose ?

Les dispositions habituelles de tout criminel au moment de son crime, dit-il ailleurs, *sont d'espérer y échapper par l'impunité.*

Eh bien ! la conséquence naturelle de cette opinion, c'est que plus la punition est grave, plus sévère est la menace, et plus sans doute aussi le criminel y regarderait en deux fois pour commettre un crime ; n'est-il pas évident que si, malgré la peine de mort existant en ce moment, il y encore chaque année un si grand nombre d'exécutions, il est permis de croire qu'il y en aurait un bien plus grand nombre encore en la supprimant ? d'ailleurs que ferait-on de tous les condamnés , puisque d'après l'auteur lui-même , un relevé a été fait des jugements à mort rendus de 1814 à 1821 (appels non compris) , duquel il résulte qu'il y a eu dans cet intervalle *quatre-vingt-seize exécutions* par année, l'une parmi l'autre; d'où l'on voit qu'il faudrait créer des établissements exprès, et pour qui ? pour ceux qui commettraient certainement de nouveaux crimes , si la liberté leur était rendue de manière ou d'autre , de même qu'on leur en voit si souvent commettre après l'expiration de leur réclusion à temps.

Ce n'est pas du fond de ma conscience , poursuit M. L. , *que s'est élevé le premier cri contre la légitimité de la peine de mort ; si l'opinion qui la défend est la plus ancienne , celle qui la répudie est la plus générale dans le pays.*

N'en déplaise à M. l'avocat , mais c'est le contraire qui est la vérité.

Maintenant pour prouver que notre auteur a le sentiment des vérités morales , toutes les fois qu'il ne s'agit pas précisément de la question de la peine de mort, nous citerons avec plaisir des passages excellents qui , au lieu de critique , méritent toute approbation.

La société , dit-il , *est un être qui vit en corps et en âme ; elle est douée d'une sensibilité qui comprend tout ce qui est créé; comme la société vit sous la loi morale, toute atteinte portée à cette loi , en devient indirectement une à sa propre sécurité. — La religion a ses peines particu-*

lières, mais comme la religion est la base de la société, toute insulte à la religion attaque la société dans son principe, et de là pour se conserver, elle a en ce monde des châtiments précurseurs de ceux de l'autre ; la société est le corps, l'âme est la conscience universelle; toutes les atteintes vont à elle, elle seule les ressent.

La société est un fait conventionnel et tout à la fois humain et divin, c'est l'état où Dieu a voulu que l'homme vécût; sous ce rapport elle est un fait divin, etc. Troubler la société, c'est outrager la Divinité: partout où est l'homme, la société sera toujours avec lui; la société comme état est une force collective et auxiliaire de la faiblesse individuelle *pour réprimer l'atteinte faite à l'existence de l'homme...*

Et ailleurs : *la mort partout attriste la nature, elle est partout un combat, une défaite alors même qu'elle n'est que le terme assigné par la nature; le dernier soupir de l'animal qui s'éteint, le dernier parfum de la fleur qui s'évapore, ne semblent s'exhaler qu'avec douleur, et cependant chose incroyable ! l'homme quitte quelquefois sans combat, sans regret, et avant le temps, la plus belle des existences dont il a été donné à un être de jouir dans ce monde !*

Je ne sais... mais cette dernière phrase semble être venue spontanément se placer sous la plume de M. L., parce que peut-être dans sa famille ou parmi ses amis. quelqu'un, d'une conscience pure, dont la piété avait sanctifié les actions, et dans ce moment suprême, soutenu qu'il était par les consolations ineffables de la religion, a fait une de ces morts heureuses qui sont le gage presque certain du bonheur éternel ; si donc ce que je présume est vrai, je m'empresse d'en faire hommage à la tendresse honorable des souvenirs de M. L.

L'homme est attaché par instinct à la vie, dit le même, *comme un esclave à sa chaîne ; l'homme civilisé rompt sa chaîne , et l'esclave que quelque fois une grande misère accable , lutte avec courage jusqu'au bout contre les maux physiques, sans songer par le suïcide à mettre fin au combat.*

C'est habituellement dans la classe riche ou aisée que l'on trouve le plus de suicides, et cela se conçoit ; l'amour-propre qui ne peut souffrir une humiliation , toujours plus grand dans cette partie de la société , et les passions , d'un autre côté, qui ne disent jamais, c'est assez, en sont les puissants mobiles.

De ce qu'un homme n'a pas le droit d'attenter à son existence, parce qu'elle est un don de Dieu , à plus forte raison contre la vie de son semblable, M. L... conclut que ceux qui , sur la terre , sont les dépositaires de la justice , la société enfin, ne peuvent pas non plus attenter à la vie d'aucun des membres de cette société ; mais c'est justement ce qui est en question , parconséquent cela n'est nullement démontré.

Du moment où l'on reconnaît que , sans répression , il n'y a pas de société possible , qu'il faut observer la graduation dans la peine pour que la justice soit convenablement administrée , c'est-à-dire , dans son esprit et ses subdivisions ; qu'au contraire , un système d'extrême douceur pouvant être regardé par les intentions coupables comme une sorte d'impunité; dès lors l'intérêt de la société commande impérieusement les moyens rationels, les seuls qui puissent servir de garantie et de sécurité à tous, les seuls enfin qu'avouent la raison et l'humanité bien comprises... est-ce que dans un cas d'urgence on ne coupe pas la jambe à un homme pour sauver tout le corps?

M. L. invoque à l'appui de son système d'abolition « *La souveraineté de l'opinion*, qu'il qualifie pompeusement du titre de *Reine du monde*. Je consens, quant à moi, bien volontiers à cette royauté de l'opinion, pourvu que son empire soit le résultat positif d'une saine majorité, et reconnu pour tel; il faut de plus une position politique calme et pacifique; car dans des temps de révolution, les esprits sont trop agités pour pouvoir découvrir et tout à la fois apprécier la vérité; au surplus l'expérience néfaste des cinquante dernières années prouve jusqu'à l'évidence combien long-temps l'opinion a besoin d'être éclairée, et combien est profond l'abîme où l'on tombe quand on se laisse abuser par le prestige et la magie d'un seul mot (*Réforme*).

« *Il faut*, a dit quelqu'un de très judicieux, en parlant de la peine de mort, ce passage est cité par notre auteur, *il faut faire prévaloir le droit de tous ; à la vérité, ces nécessités sont terribles, mais quand elles sont constatées, on ne saurait leur résister ; c'est là un calcul de la plus simple humanité, puisque c'est sacrifier le moins de vies possibles.* »

Il est facile de voir, par ces simples lignes, que M. Lucas a quelquefois fourni contre lui, dans ses citatious mêmes, des armes bien puissantes!! mais tel est au surplus l'ascendant ordinaire de la vérité.

« *La justice vraiment pénale*, dit-il encore, *s'attache à la nature intrinsèque des actes, et non à leurs conséquences sociales.* »

Ceci me semble une hérésie en matière de justice; car enfin pour qui est faite cette justice, si ce n'est pour la société? Parconséquent l'une et l'autre doivent être simultanément appréciées, pesées, secourues.

On avouera sans doute qu'il est difficile de préciser l'intention du criminel, et de statuer le degré de violation de la loi dans l'acte, car l'intention se passe là où l'œil humain ne pénètre pas, dans les replis de la conscience : dans tout autre acte quelconque, l'effet seul nous arrive, mais l'intention nous échappe ; nous pouvons peut-être la constater pour parvenir à l'imputabilité; mais l'analyser pour apprécier ses divers degrés... jamais.

L'homme n'est jamais tenu à l'impossible ; évidemment on entend par là, qu'il faudra saisir d'une action ce qui pourra être perçu par l'entendement humain, et regarder un commencement d'acte comme l'acte lui-même; du reste, il n'est pas absolument nécessaire de connaître ces derniers degrés dont parle M. L. En tout état de cause, l'acte lui-même dépose assez de la volonté criminelle, et l'intention d'une mauvaise action ne peut jamais être bonne.

Le Talion appartient à une idée vraie, dit le même, *à la seule idée même de justice que nous puissions concevoir;* (mais remarquez qu'il n'en veut pas) *quand l'in-*

telligence demande compte à ce monde qu'elle habite de
toutes les idées controversites qu'elle renferme, elle trouve
que tout est muet autour d'elle... et dans ce silence, c'est
dans un autre monde qu'elle est forcée d'attendre l'explication.

Eh bien ! puisque vous admettez franchement l'existence d'un autre monde, admettez donc aussi, en cas
de meurtre, la punition vraiment et logiquement réha-
bilitante aux yeux de la Divinité, comme aussi à l'é-
gard de l'intelligence humaine, cette frappante image
de Dieu même !

M. Guizot, à l'occasion d'une vérité dogmatique,
c'est-à-dire, que le châtiment a un droit intrinsèque
sur le crime, dit une chose extrêmement juste et
toute morale ; la voici :

« La Providence seule, dit-il, a le droit de traiter
» sévèrement l'innocence sans rendre compte de ses mo-
» tifs, l'esprit humain s'en étonne, s'en inquiète même,
» mais il peut se dire qu'il y a là un mystère dont il ne
» sait pas le secret, et il s'élance hors du monde pour
» en chercher l'explication. »

Ne trouvez-vous pas que cette vérité a une application toute naturelle à la circonstance, toujours très
regrettable, mais enfin qui est dans l'essence de la
faiblesse humaine, je veux parler de la condamnation
d'un innocent...

Vous allez voir maintenant M. Ch. Lucas s'animer
tout-à-coup d'une sainte indignation ; vous jugerez

en même temps si son zèle, toujours respectable d'ailleurs, est basé sur la vérité :

« Sous le point de vue chrétien, dit-il, la société
» commet elle-même un crime, elle tue l'âme ; c'est
» la vie de l'âme, la vie pénitentielle qu'elle arrache ;
» la société immole un coupable tout souillé de son
» crime, et voilà ce qui remplit un chrétien d'épou-
» vante, il aurait pu se convertir, et elle précipite
» l'homme dans la damnation éternelle. — Condamner
» un homme à mourir sur l'échafaud, ce n'est qu'un
» moment de souffrance ; mais le condamner à mourir
» coupable aujourd'hui quand, plus tard, il pouvait
» mourir innocent, c'est se jouer de sa dignité d'homme
» et de sa destinée de chrétien. »

Parler ainsi, c'est après tout se donner raison gra-
tuitement et sans preuve ; du reste, je rends hommage
au sentiment religieux qui semble avoir dicté ces lignes;
mais trouve-t-on cependant dans ce passage toute la franchise et la vérité désirables ? Je ne le pense pas ; avouez
plutôt avec moi M. L., que l'échafaud, garantie sociale, est pour l'assassin repentant un théâtre d'expiation
tout à la fois terrestre et divin !! est-ce que vous avez
entendu dire que les maisons de réclusion, telles qu'elles
existent aujourd'hui, fissent, je ne dirai pas des saints,
mais des hommes de bien et vraiment repentants? Le
système cellulaire, se généralisant par la suite des
temps, pourra, il est vrai, amener de l'amélioration
dans les mœurs et les sentiments des criminels, mais
aussi tant que les leçons du christianisme ne seront

pas la base inébranlable du système de réforme adopté
par ces maisons, elles ne doivent pas inspirer une bien
grande confiance. — Le cœur humain est de telle sorte
que rapide est souvent sa perversité, tandis que sa
conversion est toujours lente et pénible; ce n'est
qu'à force d'exhortation d'un ministre de Dieu tout à la
fois sage, instruit et plein de charité, à force d'actes
de pénitence, que l'homme égaré revient à de meilleurs
sentiments; quelles sont, en effet, les dispositions
habituelles d'un condamné? C'est de s'irriter contre les
prétendues rigueurs et les *injustices* de la justice humaine; il pense uniquement aux moyens d'évasion, et
voilà tout; quant à la mort qui, par sa promptitude
ne laisse pas, soi-disant, de place au repentir; les faits
sont là pour témoigner que plus de la moitié des sup-
pliciés, c'est-à-dire la majorité, meurt fort heureusement dans des sentiments de touchant repentir, parconséquent participent aux bienfaits de l'absolution
tirés de l'immense miséricorde divine et du sang de
Notre Seigneur Jésus-Christ. Ordinairement pendant
tout le temps du pourvoi, c'est-à-dire, durant cinq à
six semaines, le digne ecclésiastique, chargé de ce
pénible ministère, lui explique les vérités saintes, toujours inaltérables, bien qu'il les ait violées; il lui
montre qu'elles renferment la vie ou la mort, le pardon ou les châtiments selon qu'il se repent sincèrement,
ou qu'il ferme son cœur au repentir; il le presse, il
le conjure avec larmes, s'efforce d'adoucir sa position
par des aumônes, si elles sont un moyen de faire fléchir sa volonté rébelle; il multiplie ses visites pasto-

rales, il prend volontiers sur son sommeil s'il le faut; enfin, c'est un fait connu, il a souvent le bonheur de recueillir la plus douce récompense de ses travaux, il a l'ineffable consolation de le voir mourir dans des sentiments chrétiens, et même la reconnaissance parlant aussi à son cœur soumis et résigné, il n'est pas rare de le voir demander à son confesseur la permission de l'embrasser.

Ecoutons jusqu'au bout M. Lucas : « Le meurtrier » a violé à la fois la défense de la justice sociale, de » la religion, de la conscience, de l'opinion publique· » — La religion livre le crime, non suivi du repentir, » aux démons et à l'enfer, l'opinion publique à l'infa- » mie, la conscience aux remords; mais je demande, » continue-t-il, « quel est l'effet produit par la hache du » bourreau ? tout est boulversé avec l'échafaud, il n'y » a que de la brutalité et de la profanation de notre na- » ture dans ce coup de hache qui ravit à l'homme la res- » ponsabilité de sa destinée, et qui le met dans la » tombe tout entier avec son crime; je le répète, la » guillotine détruit notre dignité, méconnaît notre na- » ture, et boulverse les plans sublimes de la Provi- » dence en ce monde, et ses fins dans l'autre. »

Il y a de la verve dans ce passage, nous l'avouons, mais il manque de vérité; ce qui est pourtant la chose essentielle : je le crois écris principalement sous l'impression d'une sensibilité nerveuse, ou en d'autres termes, d'une fausse sensibilité. Comme je le dis dans le petit préambule de cet écrit; nous sommes devenus

tellement sensuels que , pour peu que nos organes
soient affectés désagréablement, soit d'une manière ou
d'une autre, nous refusons notre adhésion ; nous ne
voyons pas généralement de nos yeux, il est vrai, une
exécution capitale ; mais nos oreilles en entendent le
récit importun presqu'involontairement, et c'en est trop,
et néanmoins je prétends tout le contraire de M. Ch. L.
Pour que le criminel satisfasse tout à la fois à la justice
divine et à la justice des hommes , et qu'il donne réparation complète à ce cri d'horreur parti de toutes les
poitrines des habitants de la province où son crime a été
commis ; il faut qu'il dise tour-à-tour à dieu à la société : « Pardon , Seigneur, vous que j'ai beaucoup of-
fensé , pardon , société que j'ai eu le malheur de scan-
daliser , j'accepte la mort , en expiation de celle que
j'ai injustement donnée à mon prochain ; j'espère que
Dieu , dans son immense bonté, me fera miséricorde,
parce que je suis assuré que sa justice se laisse toujours fléchir à la vue d'un sincère repentir , et tel est
le mien. »

« Tous les chrétiens , disait le duc de Broglie , dans
» une occasion solennelle (février 1825), croyent fer-
» mement que cette courte vie a été donnée à l'homme
» pour en mériter une meilleure , que tous les instants
» qui nous sont comptés doivent être employés dans
» ce but ; qu'il n'en est aucun de ceux qui nous res-
» tent à vivre jusque et y compris le dernier qui ne
» puisse être sanctifié par le repentir , obtenir grâce
» pour nous devant la miséricorde divine ; en ce cas,

» on s'est demandé de quel droit l'homme abrégerait
» pour son semblable le temps d'épreuve déjà si court
» et dont l'éternité dépend? de quel droit il prévien-
» drait peut-être pour son semblable le moment du
» repentir. »

Pour que M. le duc de Broglie eût raison, il me
semble qu'il faudrait que la plus grande partie des
exécutions eussent lieu sans que les patients fussent
mis en demeure de donner des signes de repentir:
or, nous avons démontré précédemment le contraire, il faudrait de plus que le séjour des maisons de
correction tournât toujours au profit spirituel et moral
des condamnés, et malheureusement il n'en est pas
ainsi.

« La justice d'ici-bas, dit encore le même auteur,
» ne peut se croire la justice qui punit ; elle est' in-
» complète et défectueuse; puisqu'elle admet une autre
» justice, une autre vie, pourquoi commence-t-elle en
» ce monde la justice de l'autre ? — Oui, cette justice
» de l'autre vie a ses commencements en celle-ci...
» mais ce n'est point à la justice sociale qu'il a été
» donné de prendre les devant, enfin l'échafaud livre
» ce monde au cahos, et l'autre au néant. »

La justice humaine étant une image de celle de la
justice divine, et ces deux justices se tenant toutes
deux étroitement unies, il faut bien que la première
commence de cette vie;... Non, l'échafaud ne livre pas
ce monde au cahos, il le purge plutôt d'un membre
qui le décimerait, s'il le pouvait, ou le corromprait...

et une preuve qu'il ne livre pas l'autre monde au néant, c'est que la justice des hommes n'est que l'écho de celle de Dieu dans l'éternité...!

Voici maintenant comment M. L. termine son morceau qu'il avait commencé, avons-nous dit, dans un mouvement de verve et de sainte colère.

« Ah! quand on a la conscience parfaite et la rai-
» son convaincue, comment voir un échafaud? Fatale
» justice! qui empêche le remords s'il n'est pas né,
» qui l'étouffe s'il est prêt à naître, et dont le moin-
» dre crime est d'immoler cette seconde innocence que
» donne le repentir. »

Voilà, selon nous, de l'éloquence factice à laquelle manque l'essentiel, le mérite de la vérité.

Le même fait encore cette apostrophe : « Dites-nous,
» homme vertueux, au sein d'une bonne action, avez-
» vous senti le remords? Et vous, coupable dans le
» crime, avez-vous goûté la paix de l'âme et le repos? »
Langage tendant encore à un effet de rhétorique...

A tout cela, je réponds par cette seule phrase; si la conservation de la société n'avait pour appui que les terreurs du remords, ou que les consolations de la vertu, elle serait bien à plaindre, et ses fondements bien peu solides !!

« L'assemblée nationale avait, dit M. de Custine,
» conservé la peine de mort par la seule considération
» qu'un homme nuisible doit être soustrait à la société.»

Cependant notre auteur n'en continue pas moins sa thèse avec plus de virulence encore, s'il est possible.

« Le crime, au lieu de raisonner, est aveugle le
» plus ordinairement et quand il est emporté par la

11

» passion , je ne lui connais plus de frein ; la mort ,
» Messieurs , s'écrie, avec l'accent du désespoir , une
» femme qui avait donné un coup de couteau à son
» amant par un sentiment de *jalousie passionnée* (mais
» ici cette parole est dite après le crime); après cela,
» parlez donc raison à la passion qui bouillonne et
» qui fermente , parlez même le langage grossier de
» la douleur matérielle et de toutes les souffrances
» physiques , et vous verrez comme vous la réprimerez
» à la vue d'une hache à décapiter. »

Je réponds que , la peine de mort n'empêchât-elle
qu'un crime sur cent , cette considération mériterait
encore qu'on la maintînt ; on ne veut pas comprendre
que la société demande réparation , et impérieusement
d'un sang criminellement versé par l'effusion de celui
de l'assassin qui , de son côté , moralement parlant ,
n'a pas d'autre moyen de sanctifier son bras homicide,
et de se rendre digne, dans l'autre monde , de l'éternelle
et divine miséricorde. Vraiment , tandis que tout dans
ce vaste univers n'est qu'harmonie et proportion, on vou-
drait que ce ne fût que dans l'administration de la justice
criminelle qu'il n'y en eût pas ! cela est-il raisonnable ?

Le mépris de la mort de la part des condamnés que
l'auteur invoque , bien qu'il puisse plutôt être un argument dans notre cause, se trouve même, dit-il ,
dans leurs paroles ; tantôt ils remercient le président,
quelquefois ils refusent de se pourvoir en cassation, etc.;
mais au contraire, ne semble-t-il pas que leur conscience
les accuse au point qu'ils sentent intérieurement avoir
mérité leur condamnation toute redoutable qu'elle est ,
et qu'il n'y a plus de chance pour eux à l'espérance...

Du reste il existe, dans la société, plusieurs professions dans lesquelles la vie est plus ou moins prochainement exposée, et cependant ces professions subsistent...

M. L. cite quatre ou cinq exemples qui tendent à prouver que plusieurs des condamnés à mort finissent dans des sentiments de repentir, parconséquent on ne ferme donc pas, comme on l'a prétendu, la porte au repentir par la peine de mort...

On dit encore : « Puisqu'on acquitte quelquefois, » bien que l'accusé s'avoue lui-même coupable, on peut » bien faire grâce de la mort, quand il y a, par le fait » d'une captivité perpétuelle, garantie pour la société...

Nous avons déjà dit que cette garantie est, à peu de chose près, illusoire par la possibilité d'une part, des évasions (en certaines circonstances politiques), de l'autre, que la plupart du temps, ce sont des gens tarés qui vivent, sinon dans l'actualité du crime par l'impossibilité de le commettre, du moins dans la pensée incessante du crime ; je ne vois donc dans tout cela, aucune garantie pour la société ; de plus, puisqu'on acquitte même contre les aveux des coupables, les formes de la justice sont donc évidemment en faveur de l'accusé !

« La peine de mort a perdu aujourd'hui, dit-on » encore, son efficacité, parce qu'à raison de sa rigueur, » les tribunaux hésitent à l'appliquer, et laissent ainsi » aux criminels l'espoir d'y échapper, espoir dont il » est impossible de calculer les chances. »

Nous répondons qu'il suffit qu'en cas d'abolition de la peine de mort, les malfaiteurs sachent qu'ils auront la vie sauve ; pour que cette circonstance puisse être, aux yeux de qui connait un peu le cœur humain, un danger grave et réel contre le repos social ; est-ce qu'on ne voit pas que cette assurance est presqu'une prime accordée au crime ? On le sait, notre bon Lafontaine l'a dit naïvement comme il disait tout, mais avec un tel esprit qui n'appartenait qu'à lui !

« Qu'on me rende cul-de-jatte, impotent,
» Pourvu qu'en somme, je vive,
» Je suis content. »

A la vérité, M. Pariset, célèbre médecin, a dit quelque part : « que l'emprisonnement cellulaire, étroit et solitaire, a dompté, aux Etats-Unis, les plus grands criminels, et leur a fait éprouver des douleurs mentales qu'ils auraient voulu échanger contre les douleurs passagères de l'échafaud. »

Néanmoins, disons toujours que tout cela n'est point la mort, et d'ailleurs cette dure captivité ne fait pas le même effet sur tous.

Voici notre dernière citation : Le *Constitutionnel*, journal connu par sa grande excentricité d'opinion, offre la réflexion suivante dans un article du 31 août 1822, relatif à un analyse de l'ouvrage de M. Guizot sur la peine de mort :

« La société a le droit et le devoir de se défendre, elle peut et doit faire tout ce qui est nécessaire à sa conservation ; si donc elle ne peut vivre que par la mort d'un ou de plusieurs de ses membres, elle peut exiger qu'ils cessent d'être pour continuer d'être elle-même. »

Enfin, on a parlé de l'honneur et de la répugnance qu'inspire la vue du bourreau :

Je répondrai, à cet égard, que la peine capitale n'existât-elle pas, il y aurait toujours un bourreau pour les expositions au carcan, etc., et d'ailleurs je ferai observer que nos voisins d'outre-mer n'ont pas la même opinion que nous sur cet objet, ce qui prouve bien que c'est plutôt un préjugé national qu'un sentiment qui repose sur la vérité.

On a dit encore que la peine de mort était contraire à l'esprit évangélique; car, dit-on, l'église a particulièrement horreur du sang; il est très vrai, il n'y a que le sang du Fils de Dieu avec lequel elle sympathise; il est encore vrai qu'il n'y a rien de plus doux que l'évangile de grâce : « Laissez venir à moi, est-il dit dans ses pages immortelles, laissez venir à moi ces petits enfans, le royaume de Dieu est pour ceux qui leur ressemblent ; » et ailleurs : « Le Seigneur ne brise pas le roseau déjà cassé, il n'étouffe pas la mèche qui fume encore! » voilà le langage de la miséricorde; mais écoutons aussi celui de la justice : « Si *votre œil* vous est un sujet de scandale, arrachez-le ; si votre main *vous scandalise*, *coupez-la*, etc. » Sans doute ces paroles ne doivent pas être prises à la lettre, mais aussi elles donnent une bien grande idée de l'ardeur qu'il faut mettre à fuir le mal ! Dans un autre endroit, je lis cette interrogation : « *Que dit la loi ?* » il est donc évident, par ces mots, qu'il faut se soumettre aux lois existantes, parconséquent, en cas de délits, s'attendre aux punitions qu'elles prononcent toujours contre toute offense envers la société.

Il est vrai encore qu'il a été dit : « *Que Caïn ne soit pas tué;* » mais à cet égard, que savons-nous si la conservation des jours de ce fratricide n'était pas due principalement aux desseins de la Providence par rapport aux vues que Dieu avait sur ses descendants ; et dans l'ancien Testament dont on a eu la prudence de ne pas beaucoup parler, combien de punitions sévères ne pourrait-on pas citer, qui déposent de la rigueur de la loi mosaïque; ainsi, nous pensons que les partisans de l'abolition n'ont aucune induction à tirer du passage relatif à Caïn.

M. L. reconnaît, par l'adoption de la première partie de son épigraphe, *multi sunt*, etc., que plusieurs méprisent la mort et la regardent comme la fin de leurs maux ; il n'est pas rare, en effet, de voir le même criminel se rendre coupable de plusieurs crimes ; or, bien que dans plusieurs criminels, le remords soit éteint en partie ; ne peut-on pas dire néanmoins que la mort est la cessation des maux d'une telle vie ?

Il me semble, quant à moi, que deux sortes de personnes ne doivent pas craindre la mort : les gens de bien qui pratiquent la vertu, et les criminels comme moyen suprême, comprenez bien cela !! d'effacer leurs crimes en se décriminalisant.

Après un crime commis, il n'y a pas de milieu, il faut endurer la captivité comme travail pénible de pénitence, dont le regret doit être le motif, ou succomber sous le poids du remords... mais en cas de meurtre volontaire, cette pénitence doit être la mort.

Vous remarquerez que d'après le code, les peines du vol sont différenciées, et on a eu raison, du vol qui est une spoliation des biens terrestres, et on ne proportionnerait pas la peine, quand il s'agit d'un meurtre, cette spoliation de la vie ?

Une preuve irréfragable, du reste, qu'on est bien éloigné d'appeler à la légère, sur la tête d'un accusé, la condamnation à mort, c'est qu'on exige, comme condition d'absolue nécessité, la préméditation, caractère particulier de la volonté intentionnelle du crime.

De plus on environne généralement de tant de conditions la culpabilité ; les preuves nécessaires, aux yeux de la loi, pour constituer ces conditions, doivent être tellement nombreuses et complètes, qu'il n'y a pas, pour ainsi parler, matière au doute et à la méprise ; si cependant dans l'espace d'un siècle, peut-être moins, il arrive, par le fait de coïncidences aussi rares que fatales certainement, de rendre un jugement erroné en matière criminelle, alors c'est le vice de l'institution qu'il faut accuser plutôt que la faute des hommes pour lesquels il a été dit : *errare humanum est*; après tout, ils ne sont pas des anges et ne le deviennent pas en acceptant les fonctions de jurés, enfin ils ne sont pas doués de la vision surnaturelle des choses occultes et connues de Dieu seul !!

Pour arriver à un chiffre de décapitations, moindre par année, spectacle déchirant! nous en convenons dans l'intimité, à le considérer humainement, il y aurait une chose indispensable de la part du gouvernement, ce serait de favoriser les mœurs plus qu'il ne le fait par la propagation des sentiments religieux, et pour ne citer ici qu'un fait, pourquoi les régiments français n'ont-ils plus d'aumôniers? Cela ne dépose certainement pas en faveur de la sollicitude religieuse gouvernementale ; et le grand nombre de communes, sans un prêtre pour les desservir, cette circonstance ne proviendrait-elle pas de la parcimonie avec laquelle on les rétribue? Je ne sais…. en tout cas, si la religion a des terreurs pour le coupable, elle a d'ineffables récompenses pour ceux qui se conduisent bien, et en attendant l'éternité, elle a des consolations infinies comme elle pendant les jours rapides de cette vie...

En définitive, il me semble que l'ouvrage de M. Ch. Lucas aura néanmoins son utilité et son importance, il pourra servir à nos descendants (si toutefois il va jusque là) de démonstration morale pour prouver qu'il n'y a rien de bon, de valable, de plausible à dire contre la peine de mort existante actuellement dans la la loi, en ce sens. il sera un monument d'autant plus précieux qu'il est *écrit avec talent*: M. de Lamartine et autres écrivains qui ont écrit dans le sens de l'abolition, n'ont pas dit abusivement et dans l'intérêt de la cause qu'ils soutenaient des choses plus fortes ni mieux exprimées que celles qui sont mentionnées ici; c'est pourquoi nous pourrions dire que les idées rassemblées dans cet opuscule avec les citations de l'auteur peuvent être regardées comme un commencement de réfutation dans la matière.

Heureux si, par ce léger travail, j'ai pu amener le lecteur à faire dire des écrits qui ont paru en faveur de l'abolition de la peine de mort, comme de ceux qui pourraient paraître encore, qu'il n'y a pas d'éloquence possible, ou ce qui est la même chose, qu'elle sera toujours sans résultat, dans une mauvaise cause.

NOTA. Nous devons dire à la louange de l'auteur auquel nous venons de répondre, qu'il vient de recevoir de notre très Saint Père le Pape Grégoire XVI, une marque signalée de faveur, pour avoir publié un système pénitentiaire où se trouvent des idées d'amélioration qui lui font honneur.

FIN.

PENSÉES

DÉTACHÉES,

PHILOSOPHIQUES, MORALES ET RELIGIEUSES.

Ces Pensées m'ont paru se rattacher, du moins indirectement, à ce qui fait le fond de cette publication, c'est-à-dire, la recherche de la vérité; ici, c'est sous le rapport moral; du reste, elles ne se recommandent guère que par le sentiment qui les a dictées, l'amour de cette même vérité; seulement j'ai cherché, dans quelques endroits, à colorer un peu l'expression, afin de racheter quelquefois le peu d'importance de l'idée par l'élégance de la forme.

> Quand la pensée devient sentiment et que le sentiment se change en conviction allant jusqu'à un commencement d'acte... alors seulement elle peut avoir une influence utile.

— Il y a tant de corruption, et à la fois tant d'amour au fond du cœur humain, que quand par un péché ou par l'habitude du péché nous cessons d'aimer Dieu, c'est que hélas! nous nous trompons d'amour!

— Je me demande, dans le calme de la réflexion, pourquoi les plaisirs les plus doux qui nous viennent des sens, ne peuvent remplir notre cœur, et la conscience me répond qu'il y a naturellement en chacun de nous, comme un besoin immense de délices spirituelles et éternelles.

12

— Je croirais assez que quand on aime son exil d'un amour de patrie, on est bien près de n'aimer la vraie patrie que comme un exil.

— L'âme plongée dans l'abime des passions est comparable au corail qui, caché dans les eaux de la mer, reste mou et flexible, et ne prend de consistance que quand il est exposé aux rayons du soleil et à l'air, c'est le soleil de justice qu'il faut à l'âme.

— Le courage, dans la douleur et dans les souffrances, ennoblit et grandit celui qui souffre, en même temps qu'il diminue la force des maux ; cette force morale a été, de tout temps, digne des louanges et de l'admiration universelle ; au contraire, par l'abattement on augmente ses souffrances et on en perd le mérite qui est tout entier dans l'acceptation chrétienne de sa position.

— L'homme est appelé par les lois de la création à ne mettre en oubli ni sa conscience, ni l'honneur, ni la morale, ni la religion, il faut absolument ces quatre conditions pour sa perfection morale; la conscience est plus que l'honneur et la morale ensemble, et marche d'un pas égal avec la religion, cette dernière comprend tout; la conscience est le sentiment inné de la justice, la religion est la révélation de la vérité, hors d'elles, il n'y a ni honneur ni morale efficaces; il suit de là que l'homme d'honneur, l'homme seulement de probité est un homme imparfait.

— Autrefois un cavalier romain, conduisant au galop plusieurs chevaux de front, excitait parmi les spectateurs une juste admiration ; eh bien ! il nous semble que l'homme observateur de la morale chrétienne qui maintient, gouverne et dirige ses passions en toutes circonstances par toutes ces difficultés, n'a pas moins de mérite.

—Combien n'y a-t-il pas d'erreurs dans l'opinion du monde sur la nature des notions humaines ; c'est ainsi que vous venez de voir, sur votre chemin, un militaire, simple soldat, en compagnie d'une de ces créatures en qui la laideur du corps égale celle de l'âme ; cette vue vous cause une invincible répugnance ; cependant, le soir du même jour, un officier a donné un rendez-vous dans une promenade à une jeune fille élégamment parée, qui a toutes les grâces de son sexe sans en avoir les vertus ; chose singulière, voilà la métamorphose qui s'opère, aussitôt le désordre de la mauvaise conduite change d'aspect, ce n'est plus qu'une passion tendre qui a cherché de l'écho, c'est la sympathie des sensibilités, que sais-je. La vérité pourtant est que ces deux immoralités se ressemblent, et méritent de notre part une égale désapprobation !

— Dire qu'on ne peut échapper au malheur de donner du scandale sans tomber dans l'hypocrisie, c'est nier la vertu, car l'hypocrisie est plus que la négation de celle-ci : l'homme vertueux sachant qu'il vit sous les yeux de Dieu fait tout en conscience, de là sa fuite du mal sans fard, et sa pratique du bien sans vanité.

— A voir tant de fausseté dans les actions des hommes, souvent dans leurs rapports d'intérêts et quelquefois sociaux, vous croiriez peut-être que la vertu a entièrement déserté la terre, puisque la vérité, sa fidèle compagne, s'en est retirée, vous vous tromperiez, le mot de l'énigme est que la vraie vertu vit cachée, inconnue, et que l'obscurité dont elle se couvre est tout à la fois la garantie de sa durée, et la plus efficace condamnation du vice.

— Le passage de la sublime Oraison dominicale renfermé dans ces paroles : *Pardonnez-nous nos offensés comme nous pardonnons à ceux qui nous ont offensés*, paraît dur, et son accomplissement est difficile au cœur humain. Voilà précisément ce qui prouve notre peu de raison; car combien n'est-il pas doux de sentir qu'à ce prix, nos plus grands péchés nous seront remis aux conditions voulues par le Christianisme, savoir : le repentir et la réparation; quelle bonté, en effet, dans la clémence divine sur ce point, nos péchés et nos offenses outrageaient un Dieu, et les offenses de notre prochain n'attaquaient qu'un homme! et cependant, ce grand Dieu consent à la réconciliation; dépêchons-nous donc, n'hésitons pas de pardonner, il y a trop à gagner pour nous.

— Depuis notre déchéance originelle en Adam, l'innocence conservée depuis le baptême jusqu'à la mort, est une chose tellement rare dans la vie humaine, que la pénitence est devenue, pour ainsi dire, comme le péristil du paradis promis au chrétien par l'évangile; en effet, tous les saints du ciel ont passé par les pratiques plus ou moins rigoureuses de cette pénitence, selon leurs diverses conditions, puissent donc toutes les puissances et les facultés, repentantes de notre âme, glorifier incessamment les éternelles miséricordes !

— On dit vulgairement et proverbialement que *quand la poire est mûre, il faut qu'elle tombe;* ainsi en est-il de tous les événements de ce monde, ils n'arrivent qu'à une certaine époque et que quand ils sont mûrs ; ainsi, un crime dévoilé, une condamnation capitale, la fin d'une persécution, le commencement ou la fin d'une maladie, un mariage, la vie, la mort, la punition quelquefois tardive des méchants, le triomphe des bons...

— A la mort, l'innocence et la contrition sont sœurs et paraissent devant Dieu avec la même confiance en se donnant la main.

— L'esprit de Dieu, ce souffle de la troisième personne de la Sainte-Trinité est quelque chose de plus délicat qu'on ne pense, il se perd par le fait seul de quelques péchés faibles, mais volontaires ; c'est un oiseau qui s'envole à l'approche d'un serpent, vous comprenez... ce serpent, c'est le péché. — Il me semble toujours que quand nous n'apprécions pas bien les dons de Dieu, nous ressemblons à des enfants qui préfèrent certaine pomme rouge, d'une qualité commune, à une belle orange, ce fruit superbe dont le parfum égale la beauté; en un mot, l'esprit divin est un souffle angélique répandu dans notre âme par la grâce divine; on pourrait encore dire que l'esprit de Dieu est l'oxigène des âmes pures! à la vérité, l'ardeur de la pénitence le rallume; mais il ne faut pas s'y fier plus qu'il ne faut, encore moins en abuser.

— Est-ce que les regrets des mourants ne devraient pas enfanter la sagesse dans le cœur de ceux qui leur survivent?

— Les jours heureux de l'existence humaine, telle que l'a faite le péché, sont à peu près dans la même proportion que la beauté de la température (partie nord de la France) un jour sur quatre ou trois mois sur douze, quelle raison donc de nous passionner pour la vie ?

— On ne pense pas assez à ce qu'ont d'ineffable et de délicieux les plaisirs de l'esprit et les voluptés de l'âme, on n'est pas assez persuadé de leur supériorité sur ceux des sens, c'est pourtant cette supériorité mieux sentie qui faisait dire au roi prophète, dans l'excès de sa joie : *Un seul jour passé dans votre maison, Seigneur, vaut mieux que mille partout ailleurs.*

— Si vous n'avez pas donné votre jeunesse à Dieu par suite de l'ignorance où vous étiez de ses commandements et de leur importance, et à cause des passions du jeune âge, au moins donnez-lui les années de l'âge mûr ; si le soin des affaires est venu mettre ensuite comme des entraves au service de Dieu, au moins donnez-lui, j'ai peine à le dire, les jours de la vieillesse ; enfin, si vous ne lui donnez pas le temps de la vieillesse, car on meurt ordinairement comme on a vécu ; diriez-vous bien ce que vous lui réservez ?

— La mauvaise foi et l'incrédulité disent quelquefois ! bah ! qui sait ce qui se passe dans l'autre monde ! y a-t-il quelqu'un qui en soit revenu ? et je leur répondrai, avec certitude, oui, il y a quelqu'un qui en est revenu, c'est celui-là même qui a été particulièrement éclairé par la grâce sur le chemin de Damas, c'est celui qui a justifié son apostolat tour à tour par le fouet, les privations, les naufrages, la captivité, enfin par la décapitation ; c'est le grand St-Paul, celui dont l'éloquence était plus qu'humaine, eh bien! celui-là même fut élevé un jour jusqu'au troisième ciel ; et là il a vu et entendu... (Voyez ses sublimes *Épîtres* ou les *Actes des Apôtres*.)

— Si celui qui souffre des maux, qu'après tout il s'est souvent attiré par ses excès, murmure et se récrie ; que n'aura pas à dire l'aveugle ou le bossu? Mais tout s'explique par la croyance des vérités religieuses ; en effet, l'un expie... l'autre mérite pour un temps futur.

— Un martyr de la religion chrétienne est, dans le 2ᵉ siècle, à genoux, au milieu du Colisé, à Rome ; un bourreau a reçu l'ordre de lui trancher la tête ; vil instrument d'un ordre barbare, certes ce n'est pas à lui qu'il faut s'arrêter ici ; mais que pensez-vous de celui de qui l'ordre est émané?... Il est à mes yeux une démonstration complète, qu'une justice exacte sera faite dans l'autre monde de toutes les actions des hommes ici-bas.

— Entassez tout ce qu'il vous plaira, plaisirs sur plaisirs, joies sur joies, possessions sur possessions, ce ne sont, après tout que des sensations provenant de choses extérieures, tout cela ne fera jamais le bonheur intérieur, c'est-à-dire, le vrai bonheur ; celui-ci ne vient que d'une conscience sans reproche, d'une conscience religieuse.

— Quand je vois quelquefois une femme bien laide et contrefaite, dans un état d'embonpoint qui annonce qu'elle sera bientôt mère, je ne puis m'empêcher de dire, en moi-même, quel courage n'a-t-il pas fallu à celui qui a été l'auteur de cette grossesse? il y a évidemment un besoin animal qui, dans certains moments, ne compte pas avec les charmes du sexe? De même aussi, écoutez bien! quand l'homme a été séduit par la grâce des formes et la beauté des contours, il voit toujours s'éteindre plus vite qu'il ne l'avait pensé la flamme du plaisir. — O vanité!

— Dieu conduit tout en ce monde par son ineffable providence, en voici une preuve entre mille :

Saint Charles est à son bureau, il est occupé à écrire, un homme entre, et le saint, par sa position, lui tourne le dos, un homme qu'on a sans doute salarié pour lui ôter la vie; peut-être est-il poussé par un sentiment personnel, inconcevable, il porte un pistolet au poing, et est bien décidé à tirer son coup, chose singulière! au moment de lâcher la détente, il est arrêté par je ne sais quoi... une force inconnue, une puissance invisible le retient, il ignore d'où elle vient, on lui demande ensuite ce qui l'a empêché d'accomplir son projet homicide, il répond qu'il ne le sait pas lui-même, qu'il s'est senti retenu et qu'il n'a pu passer outre; or, si ce n'est pas là l'effet de l'action directe et bien prononcée de la Providence sur la volonté des hommes toute mobile qu'elle est, il faut renoncer désormais à faire usage de l'intelligence que Dieu a départie aux hommes!

— Je dirais volontiers à ceux qui ont la fatale pensée du suicide, supportez donc, malheureux, acceptez du moins la vie comme les saints ont accepté et enduré la mort!

— La Providence nous a tous placés sur la terre pour une fin, un emploi, que nous ne connaissons pas toujours dans son infinité, mais qui n'en est pas moins certain; sitôt que ses desseins sont accomplis, nous sommes rappelés à sa pensée éternelle!!

— Il y a quelquefois pour les hommes dans le cours de la vie un moment funeste, à tel jour, telle heure, telle semaine, telle année!! un moment! produit sans doute par le soufle de Lucifer, prince des démons, un moment très dangereux pour le salut, un moment qui ressemble à une planche fragile, placée comme un pont tremblant au-dessus des abimes, un moment qui est, selon les occurences, la cause de larmes éternelles, un moment dont le souvenir devient amer, après avoir été peut-être l'époque fugitive d'un' vain plaisir . . . ce moment! c'est celui de *l'ennui* ou de la *tentation!*

— Il est reconnu que la paix de l'âme nous est plus aisément communiquée dans les lieux où elle règne matériellement, ce qui justifie pleinement les établissements religieux; c'est ainsi que la paix des champs, celle des cloîtres produit cet heureux effet. La vérité est que le bruit a de l'écho, et le silence de l'inspiration.

— Il est donné aux incrédules de croire qu'on ne peut échapper au malheur de donner du scandale sans tomber dans l'hypocrisie; en ce cas c'est nier le vertu en propres termes, néanmoins voila ce qui établit une différence bien marquée entre l'homme vicieux et l'homme vertueux, c'est que celui-ci, sachant qn'il vit sous les yeux de Dieu,

13

fait tout en conscience, de là sa fuite du mal sans fard, et sa pratique du bien sans vanité.

— Tout est balance, combat, et harmonie dans la nature et dans l'homme qui en est le résumé. — Les rigueurs de l'hiver *purifient* la terre des *impuretés* de l'été, de même dans les exercices de la pénitence, les choses pénibles, souffertes patiemment, les actions vertueuses. nous purifient des erreurs ou des impuretés de la jeunesse.

— Vous pensez peut-être que lors d'une session des assises, quand messieurs les jurés acquittent un accusé, que ce n'est qu'après avoir mûrement balancé le pour et le contre, les charges de l'accusation, et les raisons de la défense, et qu'étant moins persuadés de la culpabilité du prévenu, qu'incertains du mauvais usage qu'il a fait de sa volonté, ils penchent pour l'acquittement, vous vous tromperiez. La vérité est qu'habituellement des considérations futiles et accidentelles, indépendantes de l'accusé, un amour dérisoire d'une indulgence outrée, l'absence de de preuves *de visu*, lesquelles ne sont certes pas toujours absolument nécessaires, pour être convaincus de la perpétration du crime, tout cela néanmoins suffit en général pour les déterminer négativement dans des questions qui intéressent éminemment la société, comme si la coïncidence de plusieurs preuves morales à un haut degré, unies et fortifiées par des faits patents, n'équivalaient pas au témoignage oculaire toujours très rare dans une affaire criminelle? — Juger ainsi devrait bien plutôt me semble s'appeler, *acquitter quand même*, relativement du moins à la peine capitale.

— Les docteurs-médecins et aussi le bon sens qui ne laisse pas d'être quelque fois un très bon docteur, disent unanimement qu'au bout de peu d'années, il est sans doute quel e corps humain se recompose en quelque sorte et prend la nature des choses dont habituellement il s'alimente; si donc il en est ainsi, je demande ou plutòt je pense fortement qu'au moral, si l'on nourrit son esprit, son cœur, son âme, de la manne contenue dans les bons livres, point de doute aussi que la partie spirituelle de notre être ne prenne tout à la fois la rectitude de la vérité, et l'éclat doux et modeste, la pudeur enfin de la vertu.

— D'après les preuves nombreuses des inconséquences et de la vanité des hommes, on croirait qu'il est donné aux gens d'esprit de définir la vertu, et aux hommes simples de la pratiquer.

— Il suffit qu'il y ait eu une seule femme belle, jeune et aimable et possédant les talents de l'esprit, qui ait, dans la position la plus délicate et la plus dangereuse pour la vertu (le Théâtre), résisté toute sa vie aux plus flatteuses propositions de séduction... pour me faire croire que le sentiment de l'honneur et du devoir, pour parler dans toutes les femmes un langage tellement sévère et soutenu qu'il fasse taire toutes les réclamations de la nature qui du reste parle chez tous... Eh ! bien cette femme a existé. (*Voyez les Mémoires de Fleury, acteur.*)

— Un enfant naît... tout le monde est dans la joie et l'allégresse, c'est le premier d'une famille... un autre naît au même instant dans le voisinage, mais il vient lui cinquième, on est plus triste que gai; cependant le premier fait le malheur de ses parents, et le second en est le sauveur et la consolation, ò Providence! ò *altitudo!*.. en attendant donc l'accomplissement de leur destinée respective, tous deux pleurent et crient, est-ce que ces nouveaux-nés pressentiraient déjà leurs maux futurs, et sauraient par intuition, qu'il est écrit dans la bible au livre de l'Ecclésiaste : *Le jour de la mort vaut mieux que celui de la naissance!*

— Le cœur est, quant à la volonté, le moteur essentiel, l'esprit n'en est, pour ainsi parler, que le conseil, ce qui le prouve, c'est qu'à l'égard des préceptes de la morale chrétienne, l'esprit a beau être convaincu, si le cœur n'est pas de plus, touché, persuadé, on reste dans une éternelle inaction.

— Il y a une chose triste parmi les tristes choses de ce monde, c'est de voir de pauvres artisans, des manœuvres qui ont à peine de quoi détremper, d'un peu de boisson, un pain grossier, à qui il ne faudrait peut-être qu'une prière le matin et le soir de chaque jour, récitée dans un esprit chrétien pour sanctifier leurs souffrances et leurs privations, et s'assurer par là le bonheur éternel, et qui ne disent pas cette prière, sont malheureux dans le temps, sans pouvoir espérer! hélas! qu'ils ne le seront pas pendant l'éternité.

— Il est une vérité incontestable dans l'exercice de la piété, c'est qu'où il y a *attaque* incessante, il faut continuelle résistance, cela est si vrai que s'il y a intermittence de quelques moments dans la résistance de la volonté, il y a au même instant envahissement de la part de l'autre!

— Le mot hasard dont on se sert habituellement dans la conversation, n'est rien en lui-même, si on cherche à l'analyser logiquement; dans la réalité, il n'est qu'un chaînon, grand ou petit, qui sert à lier les événements de ce monde; si on lui donnait un moment le moindre pouvoir, on nierait pour ce moment-là l'action incessante de la Providence, et comme les petites causes peuvent avoir de très grands effets, et que les circonstances les plus minimes peuvent déterminer les volontés par leur ténuité même, il faut bien reconnaître que le hasard est un terme de convention qui exprime l'idée de *rencontre fortuite*, et voilà tout.

— Chaque jour que nous passons sur la terre me semble être une page du livre de la vie ; ce livre est successivement, selon les âges, *critique*, sérieux comme l'histoire, *ascétique*, etc., et quand la dernière heure sonne pour toujours notre retraite de ce monde, c'est le dénouement de toute cette filière d'affections diverses, en un mot, c'est la fin du livre, il est plus ou moins chargé de feuillets; mais qu'importe, de même que la grosseur du livre ne fait pas son mérite, de même aussi la longueur de la vie ne fait pas son prix.

— Les personnes qui suivent les règles de la piété, ne doivent pas s'étonner, après tout, de ce qu'on exige beaucoup d'elles dans leurs rapports avec le monde : au fond on veut qu'elles soient conséquentes avec leur croyance publique et bien connue ; cette exigence de la part de certain, est en rapport exact avec l'idée de saine justice ; la foule, toujours remarquable par son étonnant jugement, suppose avec raison que quand on se donne à la piété, il faut la faire loyalement, bien qu'elle même ne l'observe pas, mais il lui suffit d'être dans le vrai pour être rigide, et il me semble que la force de ce raisonnement doit l'emporter sur les réclamations de ceux ou de celles qui s'en plaignent.

— *Sur le Protestantisme.* — Laissons, laissons le Protestantisme s'user petit à petit à protester... contre qui ? contre Rome vraiment, il porte des coups impuissants au christianisme pur, bien que l'Eglise de Jésus-Christ gémisse pourtant de cette défection ; il a beau faire... le pouvoir des clefs de saint Pierre lui survivra et l'enterra ; en attendant, voici l'idée que je m'en fais pour le présent. Un jour la paresse et l'orgueil se sont endormis, car rien ne fatigue comme l'ambition, ils ont rêvé dans leur sommeil que combattre sans cesse ses passions étaient pour l'homme une servitude insupportable, quoique la pire des servitudes soit celle des passions, ils ont décidé, toujours dans l'erreur d'un songe, que le souverain bonheur et la vraie foi étaient dans la liberté du culte... puis ils se sont réveillés, et voulant éterniser un songe si flatteur, ils ont fait schisme avec l'Eglise Catholique, je dis la vraie Eglise, l'Eglise des apôtres fondée sur le roc inébranlable de la parole divine : une pleine soumission aux préceptes de celle-ci était trop pénible à leur mollesse : hardis novateurs, ils ont créé un dogme nouveau, ayant rendu l'ancien méconnaissable... depuis ils ont erré dans un labyrinthe de doctrines contradictoires, ils en sont maintenant à suivre indéfiniment toutes les sinuosités de l'erreur et du mensonge; pour tout dire, je m'attends, d'un moment à l'autre, à ce qu'on vienne m'apprendre qu'ils sont agonisants d'inanition... dans ces circonstances critiques pour lui, le clergé catholique toujours plein de charité et de zèle pour la foi, s'empressera de venir à leur secours, et Dieu aidant, il n'y aura plus qu'un troupeau et qu'un pasteur !

— De ce qu'il existe dans la nature de très petits insectes qui sont rangés dans la classe des infiniment petits, j'en conclus, par analogie, que Dieu voit nos plus secrètes pensées, ces autres infiniment petits dans l'ordre moral.

-— Pour le chrétien, il n'y a pas de doute dans la supposition suivante à l'égard des maux de la vie, c'est *punition*, ou *épreuve*, si c'est punition, ils ne sont que justes ; *épreuve*, il s'agit en ce cas d'une plus grande récompense, et certes au moment suprème personne ne la trouvera trop grande.

— Il n'est que trop vrai qu'on peut se passionner pour l'erreur, au prix même des plus grands sacrifices, mais le plus souvent il s'y mêle des sentiments bas mis au service de la cupidité ou de l'orgueil, ainsi on a vu dans les guerres du protestantisme des sectateurs de Luther et de Calvin, non moins fougueux que ces hardis novateurs, donner courageusement leur vie pour la défense de fausses doctrines, il faut malheureusement convenir qu'on ne peut verser son sang plus inutilement.

— Il y a une chose triste mais réelle à constater, c'est que si les sentiments religieux ne viennent corriger les mauvais penchants de l'homme, pour peu qu'il ait reçu du ciel un esprit remarquable, cet esprit devient successivement, s'il n'y prend garde, malice, ruse, méchanceté, crime même ; aussi méfiez-vous de ses roueries en affaire, car il a aussi une brûlante avidité ; méfiez-vous encore de lui dans l'enjouement de la conversation, car il a pour habitude de faire briller son esprit aux dépens des autres. Remarquez cependant que je ne veux pas dire pour cela que tous les hommes d'esprit soient caustiques, ce n'est pas là ma pensée, mais cet esprit mordant est là plus que dans les rangs opposés, du reste l'esprit, qui est accompagné des sentiments de piété, est capable de rendre bien des services à la société, et sous ce rapport, il est très précieux.

— De la simple pensée d'une bonne action à l'action même, il y a la même distance que de la graine d'une fleur mise en terre à son épanouissement ; il y a d'abord le germe, puis son développement intérieur, sa première apparition à la surface de la terre, enfin son accroissement parfait. Dans l'âme le véhicule d'une bonne pensée c'est la bonne *volonté* et *l'amour*.

— Il est dit dans l'Ecriture. « Approchez-vous de Dieu, et vous en serez éclairé, tel est l'ordre logique des idées ; c'est à l'inférieur, au sujet à faire la première démarche, le premier acte de soumission, cela revient parfaitement au sens de cette autre parole : « j'humilierai le superbe, et j'élèverai l'humble de cœur ! » tel est en effet le commencement du salut, l'aspiration d'un cœur qui reconnaît son impuissance et qui demande secours et assistance.

. — Magdeleine, pécheresse, et non encore pénitente, se contentait dans le temps de ses affections terrestres, des choses tellement immorales que les rapporter ici, serait trop souiller ce papier ; mais un rayon de la grâce, cette céleste lumière ! vient-il un instant illuminer son esprit et échauffer son cœur, ah ! c'est un Dieu alors qu'il lui faut pour amant !

— Ne serait-il pas nécessaire de nous rappeler dans nos moments de sages réflexions que Dieu tient dans sa main à l'égard de chacun de nous, une balance; dans l'un des plateaux il est écrit : *miséricorde!* et dans l'autre : *justice!* il est évident que plus nous mettrons dans le plateau de la miséricorde par nos bonnes œuvres, ce qui comprend entr'autre chose, l'acceptation des maux de la vie, plus nous produirons cet effet physique et moral que le plateau de la justice remontera.

— Je laisse à la théologie à l'apprécier, mais il me semble que c'est une faute pour un chrétien de ne désirer que médiocrement, c'est-à-dire, d'une manière telle quelle, les biens immenses du ciel ; ces biens, pour lesquels les plus vifs désirs seraient encore au-dessous de la valeur de l'acquisition; des biens infinis demanderaient logiquement des désirs infinis, et il y a tout au moins, dans le cas contraire, une injure faite à l'amour divin, une blessure profonde au pur amour !

Je me fais l'idée suivante sur les moyens par lesquels nous est arrivée la tradition de la croyance religieuse, c'est à peu près comme si plusieurs personnes se passaient l'une à l'autre un objet précieux en cristal, toutes le manieraient prudemment et avec des mains habiles... elle est encore arrivée aux générations successives, silencieusement, à peu près comme une eau souterraines dont nul corps étranger ne pourrait troubler la pureté... c'est donc aux prudents du siècle à venir boire de cette eau salutaire sans trop faire les dédaigneux.

— Il est un peuple en Europe pour qui la mort n'interrompt pas les témoignages d'amour, de tendresse et d'affection, et tout ce qui compose le culte de l'amitié; bien que la personne aimée ne soit plus là vivante et animée pour répondre à ces démonstrations du cœur, il fait toutes les avances qui appartiennent au sentiment, je veux dire, il parle, il converse même, sans espérance de retour, de la part de ceux qu'il regrette ; ce n'est pas précisement qu'il mêle beaucoup de larmes à ces tendres souvenirs ; non ces souvenirs sont paisibles, accompagnés d'une sorte de mélancolie rêveuse, et dégagés de la tristesse excessive qui les ferait peut-être périr : c'est une sorte de délectation produite par un douxtravail de la pensée qui nous fait apparaître les personnes qui ne sont plus comme si elles étaient devant nos yeux, nous leur présentons un bouquet composé d'hommages sincères et de reconnaissance, selon les liens qui nous unirent à ceux que nous pleurons. Delà, chez ce peuple, l'idée éminemment généreuse et tendre d'embellir les tombeaux de tout ce que la végétation a de beau et de magnifique, et de tout ce que les beaux arts ont d'élégant et de gracieux imaginé par les talents ; de ce que les eaux ont d'inspirateur par leur transparence et leur doux murmure ; enfin, ce que le climat a d'enchanteur par la sérénité presque constante de la température et l'éclat d'un soleil radieux ! Ce peuple, c'est le *peuple Turc.*

— Des peuples entiers se sont coalisés, dans le moyen-âge, sous la bannière des plus grands capitaines et des plus grands hommes, pour aller à la conquête de la Terre-Sainte, et les chrétiens, depuis leur baptême, ne sont-ce pas aussi des *Croisés*, qui vont à la conquète du Paradis, sous la bannière éternelle de la Croix, ce signe impérissable de salut pour tous ?

— Il y a des millions de vérités relatives implicitement contenues dans les choses, et semblables à la marche des planètes, autour du Soleil, toutes gravitent vers une seule qui est Dieu.

— Qui dira ce qu'est en chaque homme l'esprit de vie, le principe vital qui anime notre être, ne pourrait-on pas dire que l'âme est cet esprit de vie? le corps est sa prison momentannée; il en est de cette âme à peu près comme du brillant papillon qui, après avoir été ignoble chrysalide, étale ensuite aux rayons du soleil les rubis magnifiques de ses ailes.

> C'est songe que la vie! elle est une fumée!
> D'un soir et d'un matin se forme la journée;
> O effroyable mort! ô arrêt solennel!
> *Qu'il est grand le repos du trépas d'un mortel.*

— Avez-vous jamais éprouvé, en votre âme, lecteurs, par un temps serein et brillant, quelque chose d'intime et de mystérieux tout ensemble, qui est tout à la fois une pensée et un sentiment, c'est comme un souffle, une lueur qui part du cœur et de la conscience, et va directement au cerveau, ce grand agent de l'intelligence humaine, puis revient par réaction, et excite délicieusement les puissances de l'âme? eh bien! félicitez-vous, vous avez été favorisé de l'avant goût du reflet de l'auguste Vérité!!

— Je lisais, il y a quelques jours, que le Père Ligory, savant ecclésiastique, de la pieuse Italie, presque contemporain, aussi célèbre par sa haute piété que par ses autres vertus, avait annoncé, durant sa vie, par une connaissance surnaturelle, aux personnes de sa maison, le moment précis de la mort de Pie VI, de glorieuse mémoire, dont il était alors très éloigné; il a même rapporté les propres paroles qu'avait dites le Saint Père à ses derniers moments... et puis dites encore, incrédules ou indifférents en matière de religion, que l'esprit de Dieu ne parle plus à l'homme depuis l'établissement du christianisme, et que la Providence qui a présidé à la création, ne se mêle pas des choses de ce monde. Vous dites si bien avec une apparente bonne foi que vous voulez des *faits*, que vous croiriez d'après eux; eh bien! en voilà un; je n'ajoute plus qu'une chose, les preuves de cette Providence sont aussi nombreuses que les étoiles du ciel, que les grains de sable des déserts.

— Avec une foi *telle quelle*, on croit sans les œuvres; avec une foi *vive* et fervente, on vit par elle, et pour elle, avec une foi *héroïque*, on meurt pour elle.

— L'homme qui refuse sa croyance catholique aux vérités religieuses ressemble à un spectateur qui est venu pour voir des tableaux d'optique; et n'étant pas averti, il regarde à travers un verre circulaire qui ne lui transmet rien, mais cherchant un peu plus loin, bientôt sa vue tombe sur un joli paysage ou un monument remarquable..! c'est ainsi qu'au moral, nous raisonnons faux, ou nous ne voyons pas du bon côté.

— Si l'on peut me montrer quelqu'un qui ait été tranquille et heureux après son crime, ou un homme de bien se repentant de sa vertu en une circonstance quelconque de sa vie, je consens à dire avec l'incrédule « que le crime ou la vertu sont indifférents en ce monde dans la recherche du bonheur. »

— Il y a quelqu'un qui a dit dans l'effusion d'un ardent amour, d'un doux transport du cœur : « Les plus douces larmes que j'aie versées de ma vie, ça été sur les peines et les malheurs d'autrui ; » il n'y avait qu'une femme pour dire un mot semblable ; et en effet, c'est à une femme qu'il est attribué. — Partout où il y a des douleurs à soulager, des veilles à supporter, des plaies à panser, des consolations à donner ; les femmes sont-là avec leurs cœurs dévoués et leur volonté d'amour... c'étaient des femmes qui accompagnaient Notre Seigneur pendant les jours de sa vie mortelle et dans son douloureux trajet pour accomplir son auguste sacrifice, ce fut une femme qui eut la courageuse sensibilité d'essuyer son divin visage ! — Saint Sébastien, venant d'être percé des flèches qui en firent un martyr, et étant dans un état d'agonie, qui est-ce qui se hâte de dénouer les liens cruels qui étreignaient ses mains à l'arbre où il avait été attaché, ce sont deux femmes charitables qui le font transporter chez elles.

— L'existence de Dieu, l'adoption entière du christianisme, de ses mystères, de ses commandements et de ses pratiques, n'est, après tout, que la conséquence logique de la raison et de la sociabilité de l'homme.

— L'empire de l'habitude, comme passion, est quelque chose de plus fort que la raison, pesée à la balance de la science médicale, c'est encore pire, ce sont des chaînes rivées, forgées par l'impulsion organique , ce sont les étreintes presqu'irrésistibles du cours des esprits vitaux devenus torrent, témoins les personnes adonnées à la boisson... *ce n'est qu'avec le secours du tout-puissant que l'on peut vaincre ces sortes d'habitudes.*

— Les grandeurs et les richesses ne sont pas les véhicules ordinaires de la foi, quand on ne l'a pas, ce serait plutôt un état de privation supportable ; que conclure de là? que cette foi n'a pas de plus grand ennemi que l'orgueil.

— Soyez attentifs... voyez un instant cette jeune personne en qui les grâces sont unies à la candeur, et dont la beauté est un des moindres avantages ; elle est atteinte de phtysie... telle qu'une fleur des champs que l'orage a frappée d'un souffle mortel; elle languit sans presque se plaindre, et lutte de patience avec la mort, et quand le moment suprême est arrivé pour elle, on la voit, tel qu'un beau cygne qui, dit-on, fait entendre alors un chant élégiaque, tandis que ses yeux se ferment doucement à la lumière du ciel, on la voit, dis-je, élever son cœur et ses mains vers celui qui y règne et vit éternellement, et qui est prêt à la couronner !!

— La pensée religieuse des 8e, 9e, 12e, 13e, 14e et 15e siècles s'est faite magnifique, il faut l'avouer, dans les monuments qu'elle a créés, et dont plusieurs subsistent encore ; voyez plutôt à la majesté de ces hautes constructions, comme elle s'est élancée d'un vol sublime aussi haut qu'elle a pu... afin d'être plus près de celui qu'elle adore ! là elle s'est tour à tour, pétrifiée, boisée, ciselée, fixée en dentelle de pierre pour se montrer belle, superbe, immortelle comme celui qu'elle a voulu honorer !!

— Les hommes qui se contentent d'étudier les principes de la religion et qui reste ensuite dans l'inaction relativement à la pratique des devoirs du christianisme, me font l'effet d'individus nécessiteux qui explorent sans exploiter.

— Si vous avez vu en voyage une ancienne chartreuse, un cloître inhabité, désert... si vous avez écouté le silence de ces murs rêveurs, vous pouvez vous dire que vous avez vu la solitude de la solitude.

— Avant la mort sanglante du Sauveur, les péchés des hommes étaient remis par une application anticipée de ce sang précieux ; depuis cet événement collossal qui a retenti d'un pôle à l'autre, ces mêmes fautes sont remises par la puissante réalité de ce sacrifice inouï... il convenait en effet qu'un fond d'inépuisable miséricorde fut opposé par la providence et la sagesse suprême à l'abyme de corruption si fécond en crimes de l'humanité.

— Je ne connais pas de chose plus belle sur la terre après la vertu que l'expiation.

— Il y a un homme dans chaque paroisse qui devrait être un saint, s'il n'y avait pas dans chaque homme l'insensibilité que donne l'habitude... cet homme, c'est le fossoyeur...

— L'homme n'est grand que par le cœur, il est plus haut que le Cèdre et le Palmier par cette toute petite partie de lui-même, je veux dire par les sentiments.

— Le Sceptique dit au fond, si ce n'est formellement, que le vice n'est pas vice, et que la vertu n'est pas vertu, ou n'est qu'une vertu de tempérament. L'homme vicieux tient le même langage.

— La vérité, ou un mot qui en exprime l'idée, peut quelquefois, selon la disposition d'esprit de celui qui écoute, s'y allumer, à la manière du gaz inflammable qu'une étincelle embrase, ou qui s'embrase de lui-même.

— Quand on a une foi vive et vraie, l'amour des choses que l'on voit est combattu par l'amour des choses que l'on ne voit pas, de telle sorte qu'on est tout à la fois heureux et malheureux, heureux! par un consolant espoir, malheureux! par une fallacieuse jouissance.

— A l'époque des beaux jours, où vont aboutir, dites-moi, ce splendide éclat du soleil, cette magnificence atmosphérique, ces flots de lumière, ce rayonnement enfin qui scintille sur tous les objets de la nature, hélas! il faut le dire: à la triste obscurité, aux mélancoliques ténèbres de la nuit, à quelque chose qui ressemble aux sombres cachots; il en est de même des plaisirs de la vie, je dis de ceux du vice, où conduisent-ils? à la vanité. Que sont-ils? moins que le néant, car le néant n'est pas plus le mal que le bien: ils conduisent aux ténèbres affreuses de la nuit du péché, ils conduisent au sein des ombres épaisses de la mort éternelle!

— Toujours on pourra aller du connu à l'inconnu dans les choses morales et dogmatiques, de même qu'en mathématiques. Dans nos rapports avec Dieu, il n'y a, à bien prendre, que la claire vue qui nous manque (il etait évidemment impossible qu'elle pût s'allier avec la foi) le milieu qui nous en sépare n'est donc tout au plus que de légers nuages, à la manière de ce beau soleil qui nous prodigue tous les jours sa lumière, lui aussi quelquefois est presqu'invisible à nos yeux quoique visible, voilé qu'il est instantanément par quelques nuages passagers, encore souvent sont-ils lumineux pour mieux imiter sans doute les vérités saintes ou les saintes obscurités de la foi.

— Ce que fit un ange pour *Jésus* agonisant dans le jardin des Olives, la Grâce le fait pour l'homme abattu, souffrant et priant.

— De même qu'un riche financier prodigue ses trésors pour augmenter ses plaisirs, de même la jeunesse prodigue follement les siens d'une bien autre valeur, hélas! et malheureusement presque toujours irréparables.

— Il y a une expression académique, qui est surtout usitée dans la capitale, c'est celle *d'homme de peine* pour signifier une existence vouée aux rudes travaux corporels. Quelque fois je le compare en esprit à l'homme que l'on appelle dans le monde *l'homme de plaisirs*, et je trouve que dans bien des cas, le premier a l'avantage sur le second ; en effet l'homme de peine voit presque toujours sa santé bonne; l'homme de plaisirs a la sienne souvent mauvaise; le premier est gai, l'autre est d'humeur sombre en bien des circons-

tances. — Laissez-les vivre tous deux pendant quelque
temps... Le premier se brise petit à petit à la peine et l'autre se brise lui-même contre les pointes acérées du plaisir, sans trop forcer ici les suppositions, le voyez-vous
haletant, abattu, couché par terre, criant miséricorde...
il est en proie aux blessures profondes que lui ont faites,
l'ennui et *l'uniformité*, ces éternels bourreaux de la civilisation... enfin il arrive un moment où visiblement et pour
tout homme impartial, les noms changent, et que l'homme
de plaisirs devient hélas ! l'homme de peine !

— Je suppose que l'on vienne de blanchir une muraille
à l'eau de chaux près de laquelle vous frottez légèrement
le pan de votre habit ; vous concevez parfaitement pourquoi
il porte une marque blanche, mais concevez-vous pourquoi l'homme qui vit presque toujours dans les bois, ou
les bergers de toutes les contrées, si vous voulez, prennent
un air sauvage, cette bizarre teinture des champs ? il en est
de même des gens de cour qui presque tous ont toujours un
air riant, et bien que leurs bouches restent muettes, leurs
yeux, leur front, l'air de leur visage, parlent en eux, et
quelquefois pour eux... expliquez cela si vous pouvez... ô
insuffisance de la raison dans bien des cas !

— Voici une similitude : le cœur pris dans le sens religieux est dans les actions de la vie ce qu'il est dans l'organisation humaine ; on sait que dans celle-ci, il est le réfuge du dernier mouvement et de la dernière pulsation
artérielle, comme il a été le premier signe de l'existence
au jour de la naissance ; eh bien ! dans les choses de la vie
intellectuelle, le cœur est aussi le principe de la plus grande
énergie imaginable !

— *Elévation de l'âme.* — Vents impétueux, vive impulsion de l'air que je respire, souffle de Dieu, portez à votre Créateur mes soupirs, mes souhaits, mes vœux... puis, fidèles et prompts messagers de la nature, rapportez-m'en, au plus tôt, lumière, sérénité, assistance.

— La foi conduit à l'espérance, et celle-ci à la charité, hommes incrédules! vous n'oseriez abjurer la raison, cette divinité de l'intelligence humaine, et vous abjurez l'amour!!! l'amour de celui par qui tout existe, ah!... qu'êtes-vous, incrédules?

— Un jeune homme riche, ayant reçu instruction et éducation, cède, dans un oubli de lui-même, en octobre 1841, à la pensée fatale d'abuser d'une jeune fille de onze ans, il y a dans ce fait quelque chose d'évidemment satanique et une obcession visible du démon, car, après tout, à quoi n'arrive-t-on pas dans la satisfaction des passions, quand on porte sur soi la clef d'or? oui, il faut convenir que la puissance du démon est inimaginable ; n'est-il pas en effet souvent arrivé qu'un avocat, par exemple, ayant demandé à un assassin, qu'est ce qui l'avait porté à commettre tel meurtre, ou tel attentat? si c'était la vengeance, la cupidité, la jalousie, etc., quelquefois il répond uniquement non, *« ce n'est rien de tout cela, j'étais sous la puissance d'un mauvais esprit qui me poussait...* La voilà donc à nu cette puissance formidable de satan dont je parlais tout-à-l'heure; ah! je conçois maintenant que Dieu nous devait impérieusement, et nous accorde toujours le secours de son incessante protection pour nous défendre contre tant d'ennemis?

— Depuis la désobéissance d'Adam dans le paradis terrestre, voici comment je conçois la déchéance de l'espèce humaine; contrairement aux lois physiques du globe que nous habitons, dont une terre plus ou móins végétale occupe le dessus, la terre végétale de l'âme, si je puis m'exprimer ainsi, se trouve être au-dessous d'une terre argilleuse et stérile, parce que la partie morale de l'homme qui a été viciée depuis son origine, a superposé une mauvaise superficie sur un très bon fond, car les ouvrages de Dieu, après tout, étaient tous excellents dans l'origine?

— *Similitude.* — Les Sacrements de la religion chrétienne sont à l'âme ce qu'est l'art de restaurer un tableau (qu'on me permette cette comparaison) est à une vieille peinture; en effet, la disposition préparatoire du sacrement de pénitence, c'est d'enlever à l'âme le désespoir, cette croûte noire qui fait qu'on ne reconnaît plus rien à un tableau, et d'y substituer un débrouillement d'une part, et de l'autre une juste confiance qui pour tous deux sont un heureux passage des ténèbres à la lumière; après ce premier nettoiement physique et moral, il s'agit pour le peintre restaurateur de montrer à l'œil du spectateur, et cela par les procédés de son art, tour à tour, l'habileté, la justesse, et l'intelligente pureté des traits, causes intimes de l'expression; vient ensuite le coloris qui est comme l'âme et la vie de la belle peinture; eh bien! d'après cette donnée, l'âme qui, auparavant vivait pour le monde et les passions du monde, renaît à Dieu par le renouvellement de la pénitence; elle commence une nouvelle vie pour lui, voilà sa réapparition morale; ses pensées, ses actions sont désormais pour lui seul; voilà ses traits embellis de rechef et rendus à leur premier état; bientôt elle passe à l'amour pur, ce coloris magnifique du sentiment religieux.

— Quand je me livre à des considérations sérieuses, je me dis quelquefois intérieurement, en ce moment où j'écris, il y a dans telle ville, dans telle commune, dans telle congrégation, des âmes d'élite dont le corps auquel elles appartiennent est encore sur la terre, il est vrai, mais dont l'esprit et le cœur sont déjà dans le ciel par la fréquence de la méditation et l'habitude des affections pieuses ; elles en goûtent à l'avance les ineffables délices par le vif sentiment de l'espérance, et cependant, dans le même temps, il en est d'autres qui s'enfoncent de plus en plus dans la fange du vice qui, pour plusieurs, est un prélude au crime... ils semblent goûter les joies de l'enfer en attendant qu'ils en souffrent les tourments... Les premiers sont heureux par les choses qu'ils connaissent, et les autres malheureux par l'ignorance volontaire de ces mêmes choses !!

— Ne semble-t-il pas qu'il serait plus digne de l'homme d'aller généreusement par les désirs du cœur là où nous poussent incessamment les lois de destruction que renferme en lui tout-être créé ! La mort étant un décret divin, il il y aurait, ce semble, de la bienséance catholique à l'accepter de bonne grâce.

— O ! qu'il est doux de voir et de contempler en la compagnie de ceux qu'on aime les belles choses de la nature ; non, non, la sympathie des cœurs n'est pas chose chimérique, elle est un apanage glorieux de l'espèce humaine, et si quelquefois elle est un danger entre sexe différent sous le rapport des mœurs, l'homme doit d'autant plus se souvenir alors qu'il est essentiellement un être moral et par son origine et par son immortelle destinée.

— O incrédules ! s'il y avait en vous seulement un peu de droiture de cœur et de sensibilité d'âme, quelque peu d'amour de la vérité, cela pourrait peut-être servir, comme d'un feu électrique qui prendrait flamme au moindre contact de la mort d'une personne qui vous est chère, d'un ami, d'un parent, d'une simple lecture, enfin d'un évènement quelconque, mais malheureusement, vous êtes bien éloignés d'être chrétiens, puisque vous n'êtes pas même un homme !

— Quand on entre dans un lieu obscur, on ne voit pas clair d'abord, mais attendez un instant; d'après les lois de l'optique, les ténèbres elles-mêmes deviendront visibles, et c'est en resserrant la prunelle de nos yeux, qu'elles feront naître un léger jour... de même quand les événements sont bien sombres et bien sinistres, attendez pendant quelque temps l'accomplissement des lois de la Providence qui a tout prévu, elles débrouilleront silencieusement ce petit cahos personnel qu'agrandit la dimension trop étroite, pour parler ainsi de notre intelligence ou de notre imagination.

— Les accidents plus ou moins malheureux qui tombent quelquefois subitement sur la pauvre humanité, ne sont pas, on le sait, également inopinés en Dieu; tous ont été divinement prévus, ordonnés dès longtemps à l'avance, dès l'éternité ; il serait donc souhaitable que l'homme, par l'effet d'un sentiment religieux et d'une pieuse conviction, se préparât saintement, se prémunît, en quelque sorte, par une acceptation anticipée contre les coups du sort qui, en réalité, sont des coups de la Providence.

— Tout homme qui est simplement déiste, est, selon moi, tout à la fois absurde et inconséquent; je dis absurde, parce qu'il est en effet contraire à la notion de Créateur et Moteur suprême des choses créées, de les abandonner ainsi à une sorte de fatalité ou de hasard aveugle; je dis de plus inconséquent, par cela seul qu'il décline les lois morales après avoir presque nié les lois physiques; il faut être en effet bien inconséquent pour réduire l'Univers à une absence totale de lois morales, de telle sorte qu'en faisant ainsi abstraction des créatures raisonnables qui l'habitent, c'est par trop le faire ressemblant à ce qu'il était avant que d'être...

— L'alternative continuelle de l'été et de l'hiver, qui tient évidemment à l'ordonnance générale de la création, suffirait seule pour démontrer aux amateurs outrés des séductions et des plaisirs du monde, que le temps du bonheur est court ici-bas, ou tout au moins est très variable; concevez-vous, en effet, le bonheur sans la vue d'un beau ciel et d'un soleil brillant qui réjouit toute la nature, concevez-vous, dis-je, pour la classe moyenne surtout, des plaisirs vraiment exquis, accompagnés d'une douce joie de l'âme... et qu'un jour pur et chaud n'éclaire pas?

— Ames sensibles, ne pensez-vous pas quelquefois aux pauvres cochers de fiacre des grandes villes, si toutefois vous les avez vus, dont habituellement les jours sont ennuyeux comme des nuits sans sommeil, et dont plus de la moitié des nuits sont pénibles comme des jours laborieux.

— Il n'y a pas de milieu, notre cœur étant fait pour l'amour (et on ne peut nier cette proposition) il faut nécessairement qu'il brûle ou pour le Créateur ou pour la créature, je veux

dire par-là qu'on ne peut rigoureusement parlant, repousser le mauvais amour, l'amour non légitime de ce monde,
que par l'amour conjugal et le pur amour.

— Dorat, ce poëte distingué (érotique) du siècle de
Louis XV et de Louis XVI, mort en 1780, dont la muse a
chanté tour à tour les joies sensuelles, les plaisirs du Théâtre et ceux de l'harmonie, enfin tous les enchantements
de l'amour profane, est mort environné de ses maîtresses
qu'il avait fait demander ; ô écho de la vie ! consolant ou
terrible selon les actions que nous avons faites... à moins
peut-être que par un sentiment sublime de charité vous
ne disiez que cet auteur licencieux au moment de la mort,
a pu jetter vers le Ciel un de ces repentirs profonds qui
désarment la justice divine en touchant la corde de l'infinie miséricorde... je le veux bien.

— Arrivé à l'âge de trente-cinq ou quarante ans, c'en
est fait, l'illusion de toutes choses est passée, l'illusion ! ce
charme infini des plaisirs qui les rend si puissants et qui,
comme un voile trompeur avait été jeté momentanément sur
leur vide et leur néant ; on vit plus alors de ressouvenirs
que de jouissances actuelles ; le sérieux de la vie
présente nous apparait en son entier, et les réflexions
austères de la vie future viennent s'y joindre ; le temps
parfumé des prémices du cœur et du premier amour est à
jamais évanouï... arrive celui des obligations du chrétien,
et quelquefois des regrets du passé ; à la vérité, des jouissances d'une autre sorte viennent remplacer ces premières
émotions, mais elles sont souvent mêlées d'inquiétude, de
soucis, d'accidents ou de revers inattendus, enfin pour ne

rien dire de plus, le soir d'un jour, beau quelquefois, n'est pas toujours serein, ce beau soleil, lui, renaît tous les matins à la voûte céleste plein de force et de vigueur, et plusieurs de nous, hélas ! atteignent successivement un couchant dont ils ne se relèvront jamais !

— Qu'il doit-être beau le ciel, ce prix magnifique du martyre des persécutions à l'époque du berceau du Christianisme, et quelquefois aussi de soixante-dix ans d'une vie misérable et chrétienne cet autre martyre non sanglant !..

— Malheur et honte à l'esprit humain !.. pourquoi ? deux ans, trois ans, dix ans d'une position pénible, je le suppose, lui paraisse une éternité... et la véritable éternité, l'éternité de la vie future, dont le cours d'un fleuve est après tout une incessante image, il l'a compte pour rien...

— Le bien-être de l'âme et du corps par le secours de l'imagination et l'entremise des yeux, est absolument nécessaire, (ceci est d'expérience) pour produire en littérature des idées heureuses et des choses intéressantes dans les beaux arts ; c'est ainsi que certains compositeurs en musique s'animent et s'inspirent d'un appartement que l'on vient de parfumer, d'autre de la vie d'un beau ciel, de l'aspect d'une fleur, etc., ce qui prouve que le beau dans les arts a besoin d'une excitation particulière, d'une sorte d'exaltation, il n'y a en effet que ce qui est commun qui s'enfante sans efforts.

— Quand une fois on est arrivé à l'âge de cinquante ans, on est en possession de la longue vue de l'expérience, riche acquisition qui montre l'horizon de la vie dans son ensemble et ses détails, enfin dans tout son jour ; recueillant ses souvenirs et ses méditations dans la retraite, la vérité parait plus distincte et plus nette, de même que la lumière dans la chambre obscure.

— Ces jours derniers, une jeune et jolie personne chantait en s'accompagnant sur la harpe un de ces airs touchants qui inspirent moins l'amour qu'une sainte amitié... chacun des assistants étaient dans une sorte de ravissement, quand tout à coup ce plaisir délicieux s'évanouit comme un songe.. Je le crois bien, c'en était un véritable. Qu'on me permette donc d'en faire ici une application à la vie réelle :

> O fortune ennemie !
> Que reste-t-il, hélas ! au soir de la vie
> De ses plaisirs trompeurs de nous tous recherchés,
> Par le jeune âge surtout si vantés ;
> Que reste-t-il ? O douloureux mensonge !..
> O pénible réveil ;
> Il reste ce qui reste d'un songe
> Porté sur l'aile du sommeil.

— Nous voyons habituellement, et c'est un grand bonheur, vers le milieu de la vie, une sainte amitié succéder à l'amour, ce sentiment tyrannique plus ou moins orageux, à peu près comme dans la nature, au temps de la canicule, la douce et pénible lumière de l'astre des nuits vient, sur le soir, succéder aux feux dévorants du soleil.

— Quand l'amour de Dieu est ce qu'il doit être, il doit aller jusqu'au mépris actuel de la vie, jusqu'à l'absence totale d'attachement quelconque, mépris toujours combiné néanmoins avec l'acceptation du prolongement de cette vie, si telle est la volonté divine.

— Il y a des personnes dans le monde en qui un petit excès de confiance va bien, savez-vous pourquoi? c'est que si elles avaient l'humilité de leur insignifiance, elles ne seraient pas supportables!...

— *Aspiration d'une âme pénitente.* — Aidez-moi, Seigneur, par le secours puissant de votre grâce, afin que je jette, le plus possible, dans l'eau trouble de mes péchés, le sable purifiant et éclatant de blancheur des vertus morales et religieuses.

— Quand on se désaffectionne pour une chose, on y trouve toujours des défauts ; c'est ainsi que depuis quelques années des esprits légers se sont imaginés qu'il était nécessaire d'apporter des modifications aux croyances du christianisme, comme si les dogmes sacrés, les mystères, la morale chrétienne n'étaient pas, dès l'origine, parfaits comme leur auteur et comme lui immuable ! c'est de l'incrédulité déguisée ou une aberration métaphysique, voilà tout.

— Aujourd'hui 25 mars 1842, avant-veille de Pâques, (et il en est ainsi chaque année) a été célébrée dans tout l'univers catholique la Commémoration de la passion de Jésus-Christ, arrivée l'an quatre mille du monde, opérée par ceux-là mêmes pour lesquels il s'était incarné ; depuis lors des insensés ont osé nier sa divinité et contester ses miracles, et cependant... La preuve irréfragable et permanente qu'il est le Fils de Dieu par essence et qu'il est moralement et véritablement la lumière des esprits, c'est qu'à sa mort, la lumière même du jour s'est éteinte... *et tenebræ factæ sunt in universam terram.*

— Depuis notre déchéance originelle en Adam, l'innocence conservée intacte depuis le baptème, est une chose
tellement rare dans la vie humaine, que la pénitence est
devenue comme le péristyle du paradis promis aux chrétiens
par l'évangile ; en effet, tous les saints qui sont dans le
ciel, ont passé par les pratiques plus ou moins rigoureuses
de cette pénitence, selon leurs diverses conditions, ah !
puissent toutes les facultés repentantes de nos âmes glorifier les éternelles miséricordes !

— Depuis trente ans environ que l'université de France ne
cherche pas les vérités morales à leur vraie source, c'est-à-
dire, dans les livres saints, les membres qui la composent
ressemblent pour moi à un enfant qui se serait imprudem-
ment fourvoyé dans les détours d'un immense labyrinthe ;
voici encore ma pensée à cet égard, je jette les yeux vers
l'Orient pour voir apparaître l'aurore naissante, et quel n'est
pas mon étonnement ; ce ne sont que d'épaisses ténèbres là
où j'espérais voir le lever magnifique d'un soleil qui, ou-
vrant noblement sa carrière, répand en tous lieux, avec
l'éclat de ses rayons, l'influence salutaire de sa fécondante
chaleur.

— Il faut bien se persuader que depuis la chute du premier homme, les forces morales, purement individuelles,
sont absolument insuffisantes pour l'accomplissement du
plus petit bien ; nous ressemblons, à cet égard, à un arc
brisé qui ne peut plus recevoir et lancer la flèche, laquelle,
sans cela, serait aller percer l'ennemi... dès lors, nécessité
impérieuse, indispensable de la prière et des sacrements
de l'église catholique... hors ces moyens logiques et homo-
gènes, faiblesse, impuissance éternelle dans l'homme !!

— Dieu a fait la parole, et l'homme a imaginé et perfectionné l'art d'écrire ; voilà pourquoi la première est si fort au-dessus de la seconde, dans tout orateur que l'on entend, et à mérite égal, on ne sait pas généralement de quel bien on abuse, quand on ne fait pas un bon usage de la parole ou de la plume ; ces deux instruments de la pensée, faculté sublime dans un être en qui tout est grand... la parole qui devrait toujours être au service de la vérité et de la vertu... la plume qui, au moyen de la typographie, sa prompte et légère médiatrice, a ce mérite précieux de rendre stable à jamais ce qui de soi est si fugitif... la pensée !

— Une eau limpide qui coule entre deux rives fleuries depuis des siècles, est tout à la fois l'image de la rapidité du temps et de l'éternité de Dieu !

— Ecrire sur la vertu, quoi de plus facile ! la cause en est si belle, mais la pratiquer... ah ! c'est autre chose ; je désire, en attendant, ne pas ressembler à tel individu qui, ayant une riche bibliothèque, se fait un moment illusion, et croit avoir dans son cerveau ou dans son cœur tout ce qu'il possède de richesses littéraires ou de vérités morales dans ses rayons ; hélas ! il n'est que trop vrai, le plus petit acte de vertu vaut mieux que mille pages écrites sur la vertu.

— Je pense que pour pratiquer complétement la chasteté et avoir dans l'esprit et dans le cœur l'amour enraciné de cette vertu, il ne faut commettre non seulement aucune action provocatrice sur ce point, mais il faut encore être prêt à repousser toute provocation directe ou indirecte de la part d'un sexe opposé ; or, c'est ce qu'a fait le beau et chaste Joseph de l'histoire à l'égard de la femme d'un roi d'Egypte, et c'est ce que fait toujours toute femme honnête qui a des principes.

— Je vis un jour (je dirai plus bas si c'est en imagination ou en réalité) deux jeunes personnes remplies de grâces
et d'attraits ; la première est facilement reconnaissable à sa
démarche aisée, à son œil vif et perçant, toujours sourian-
te il lui suffit de se montrer pour plaire ; elle brille d'un
éclat qui a quelque chose de céleste, tous ses désirs sont chas-
tes, car si elle désire qu'on l'aime, c'est toujours dans l'intérêt de la vertu, elle porte une physionomie d'inspirée par-
cequ'en effet Dieu est intérieurement avec elle.

Le caractère de l'autre est la douceur et la modes-
tie, aussi son regard est surtout doux et bienveillant,
sa parure est sans recherche, mais non sans grâce, le cœur
est touché en la voyant, on se sent involontairement
attiré vers elle ; en un mot c'est comme le portrait de la
mère de Dieu... mais c'est assez tenir le lecteur en suspend.

Le premier de ces deux portraits, est l'image de la vérité
qui réside dans le sein de Dieu, et dont les rayons illumi-
nent l'âme de tout homme venant en ce monde, et dont
l'œil est pur.

Le second est celui de la vertu ; la vertu est tout ce qui
peut recevoir le nom de bien vis-à-vis soi-même, vis-à-vis
le prochain, et vis-à-vis Dieu ; c'est tout à la fois l'idée de
sacrifice, dévouement, abnégation, parconséquent c'est
tout ce qui est moins, c'est-à-dire compassion, obligeance
services, complaisance.

— D'après les faits et l'histoire vraie, Jeanne d'Arcq, jeune
fille, originaire de la Lorraine, pleine de candeur et d'innocence, fut célèbre dans le 15e siècle par son dévouement
pour sa patrie, ou plutôt par l'accomplissement de sa mission

divine; cette héroïne au cœur d'enfant qui, semblable au
Sauveur des hommes, ne vivait que pour la vertu, est
morte victime de la méchanceté et de la vengeance des
hommes, et fut dupe de sa trop grande confiance en eux...
ce prodige de sagesse et de bonhomie en même temps que
de valeur, avait excité au plus haut point la jalousie de la
noblesse française, et la position de dépendance adulatrice
dans laquelle la France était à cette époque vis-à-vis
l'Angleterre, a attiré, sur sa vertu, les châtiments qui ne
sont dus qu'au crime ; ses révélations authentiques et at-
testées par elle dans son inique procès jusqu'à sa mort,
son mépris parfait de la gloire humaine, quand tant d'autres auraient trouvé assez de motifs de s'énorgueillir, ses
conseils à l'armée, toujours suivis de succès dans les circonstances les plus difficiles, tout prouve en elle une intervention
divine, eh bien! plusieurs savants de notre époque, dont le style et les prétentions sont aussi élevés que le jugement est
mince, disent néanmoins du fond de leur fauteuil académique:
Cette fille ne fut qu'un enthousiaste que le feu de l'âge
exaltait dans un moment politique fâcheux pour la France,
et la disposition des esprits à cette époque a fomenté en
elle une ardeur guerrière qui ne fut pas sans gloire, mais
qui eut pour elle une fin malheureuse !.. et voilà comme on
écrit l'histoire dans le 19e siècle... pitié, pitié.

FIN.

www.ingramcontent.com/pod-product-compliance
Lightning Source LLC
Chambersburg PA
CBHW071914200326
41519CB00016B/4609